VILMA LENÍ NISTA-PICCOLO
WAGNER WEY MOREIRA

ESPORTE PARA A VIDA
NO ENSINO MÉDIO

Colaboração no repertório de atividades de:

EVANDO CARLOS MOREIRA

ALESSANDRA ANDREA MONTEIRO

RAQUEL STOILOV PEREIRA

1ª Edição
2012

Rua Monte Alegre, 1074 – Perdizes
05014-001 – São Paulo – SP
Tel.: (11) 3864-0111 Fax: (11) 3864-4290
cortez@cortezeditora.com.br
www.cortezeditora.com.br

Direção: *José Xavier Cortez*
Editor: *Amir Piedade*
Preparação: *Vera Ayres*
Revisão: *Auricelia Lima Souza - Paulo César Oliveira - Rodrigo da Silva Lima*
Edição de arte: *Mauricio Rindeika Seolin*
Projeto e Diagramação: *More Arquitetura de Informação*
Fotos: *Prof. Silvia Beatriz Nista Gozzi*
Impressão: *EGB – Editora Gráfica Bernardi*

Dados Internacionais de Catalogação na Publicação (CIP)
(Câmara Brasileira do Livro, SP, Brasil)

Nista-Piccolo, Vilma Lení
Esporte para a vida no ensino médio / Vilma Lení Nista-Piccolo, Wagner Wey Moreira; colaboração no repertório de atividades de Raquel Stoilov Pereira, Evando Carlos Moreira, Alessandra Andrea Monteiro. – 1. ed. – São Paulo: Cortez, 2012. – (Coleção educação física escolar)

Bibliografia
ISBN 978-85-249-1904-6

1. Atividades e exercícios (Ensino médio) 2. Educação física – Estudo e ensino (Ensino médio) 3. Esportes – Estudo e ensino
I. Moreira, Wagner Wey. II. Pereira, Raquel Stoilov. III. Moreira, Evando Carlos. IV. Monteiro, Alessandra Andrea. V. Título. VI. Série.

12-03854 CDD-796.07

Índices para catálogo sistemático:

1. Educação física escolar : Ensino médio 796.07

Impresso no Brasil – junho de 2012

Apresentação do livro

Este livro é resultado de pesquisas desenvolvidas pelo Grupo de Estudos e Pesquisas em Educação Física Escolar (Gepefe), coordenado pela professora doutora Vilma Lení Nista-Piccolo, e pelo Núcleo de Estudos e Pesquisas em Corporeidade e Pedagogia do Movimento (Nucorpo), coordenado pelo professor doutor Wagner Wey Moreira, em Programas de Pós-Graduação, a partir de um projeto que versa sobre a atuação do professor de Educação Física em escolas, como parte do Edital Observatório da Educação (Inep/MEC/Capes).

Agradecimentos dos autores

Agradecemos a possibilidade de ilustrar nosso livro com uma foto que apresenta um modelo de atividade de aula de Educação Física no Ensino Médio, destacando:

• à Sociedade de Instrução e Leitura (SIL), instituição sem fins lucrativos, mantenedora do Colégio Rio Branco da cidade de Campinas (SP). A SIL foi criada em 1863 pela união de imigrantes alemães, com a finalidade de manter seus vínculos culturais e se integrar à nova pátria, dando origem à antiga Escola Alemã, atualmente conhecida como Colégio Rio Branco;

• à diretora pedagógica dessa escola, Luciana Levanteze de Burgos Machado, pelo seu empenho diante da autorização dessa foto;

• à professora de Educação Física nessa escola, Silvia Beatriz Nista Gozzi, responsável pelo desenvolvimento dessas aulas, que gentilmente nos apresentou seu maravilhoso trabalho;

• às jovens que alegremente ilustram a foto de capa do livro e aos seus pais pela autorização concedida.

Agradecimento especial

• às professoras doutoras Eliana de Toledo Ishibashi e Regina Rovigati Simões, pela prestimosa colaboração na composição deste livro.

Sumário

1 Introdução

Todo conhecimento que adquirimos, em tese, deve ser utilizado na vida, oferecendo-lhe prazer, qualidade, pressupostos éticos, capacidade de convivência e de resolução de problemas. Enfim, o conhecimento proporciona uma vida melhor.

É importante ainda lembrar que o conhecimento torna-se indispensável para a vida quando o transformamos em sabedoria, ou seja, em conhecimento experimentado, saboreado, incorporado. Por essa razão, muitas vezes, a escola torna-se desinteressante porque não nos apresenta o conhecimento nessa dimensão de experiência, de vivência.

Este exemplo é apenas para mostrar o que estamos querendo dizer: todas as pessoas que passaram pela educação formal na escola em seu período básico, do primeiro ao nono ano do Ensino Fundamental até o final do Ensino Médio, aprenderam o Teorema de Pitágoras. Provavelmente, elas se lembram apenas do que foi memorizado, ou seja, o que esse teorema afirmava: "O quadrado da hipotenusa é igual à soma do quadrado dos catetos". Como isso foi demonstrado a nós, muitas vezes, de forma sem significado para a vida, decoramos, mas não o incorporamos.

A partir do momento em que uma aprendizagem não é incorporada, ou até mesmo que ela não diz respeito à nossa vivência, a tendência é nunca a aplicar ou esquecer, pois, afinal, parece não fazer falta. Sem a intenção de dizer que o referido teorema não é importante, o que queremos salientar é que sua aprendizagem pode não ter sido adequada e, assim, não pudemos usar esse conhecimento.

A escola é um local de aquisição de conhecimentos, considerando que a posse deles deve nos levar a uma autonomia, a conquistar liberdade nas escolhas que norteiam nossa vida e a buscar superações numa perspectiva de educação permanente.

Se pensarmos nas mais variadas disciplinas curriculares que nos foram ofertadas ao longo do período de escolarização, podemos admitir que muitas contribuíram, e ainda contribuem, para nossa autonomia, outras nem tanto.

Para finalidade de clareza, é óbvio que não estamos atribuindo apenas à escola a incumbência da educação, mesmo porque, como afirmava Carlos Rodrigues Brandão, quando duas pessoas iniciam um diálogo, aí aparece o ato educativo.

> *O diálogo é o encontro entre os homens, mediatizados pelo mundo, para designá-lo [...] O diálogo não pode existir sem um profundo amor pelo mundo e pelos homens. O amor é ao mesmo tempo o fundamento do diálogo e o próprio diálogo* (Freire, 1980, p. 82-83).

Acreditamos que, hoje, muitos dos colegas professores podem exercer suas competências rememorando conhecimentos de Língua Portuguesa, Matemática, Biologia, Química, História e Geografia, e tantos outros componentes curriculares vivenciados em suas trajetórias escolares. Não só professores são os beneficiários do que afirmamos. Todo ser humano pode estar enquadrado nisso.

Por questões didáticas e mesmo pedagógicas, a forma pela qual muitos conhecimentos foram apresentados na escola estruturavam-se seguindo esses princípios: do fácil para o difícil, do menos complexo para o mais complexo, do já conhecido para o que estava para se conhecer. Havia, portanto, uma sequencialidade que era cumprida. Jamais poderíamos aprender cálculos envolvendo raiz quadrada, funções logarítmicas, sem antes aprender as operações básicas da matemática. Em todas as disciplinas, a preocupação com os processos pedagógicos efetivava-se no sentido de tornar a aprendizagem consciente.

Resta-nos lembrar se isso também se operacionalizava na disciplina Educação Física. Ao longo do tempo, vários estudos parecem indicar que não, por algumas razões que listamos a seguir:

1. O ensino da Educação Física se restringia a um fazer, a uma prática de execução de atividades, não importando as razões dessa prática nem o contexto para a aquisição daquela aprendizagem. E mais ainda, o fazer sempre era padronizado, normalmente referenciado por um aluno que executava bem os movimentos solicitados, sendo que todos os demais deveriam copiar aquele movimento.
2. A disciplina Educação Física, e este é o testemunho de muitos alunos entrevistados em pesquisas da área, carecia de um planejamento adequado, considerando que não apresentava uma sequencialidade, não partia das experiências dos discentes, passava

de um conteúdo a outro sem criar pontes de transposição. Percebia-se que o professor de Educação Física ministrava a mesma aula, com os mesmos detalhes e propósitos para os diferentes anos de escolarização. A mesma aula, por exemplo, era repetida para diferentes turmas, da quinta à oitava série do Ensino Fundamental e do segundo ano do Ensino Médio.

3. Não ficava claro para os alunos qual o conhecimento estruturado da Educação Física, a não ser, a prática de exercícios físicos localizados e a prática de modalidades esportivas, executados à exaustão e sem as explicações necessárias dos porquês. Há, inclusive, uma pesquisa realizada por nós na qual perguntamos: "Qual a disciplina curricular que você mais gosta na escola?" As respostas vinham: "Português, Matemática, Ciências". E não aparecia Educação Física. Daí, perguntamos: "E Educação Física?" Mostrando espanto em suas feições, muitos diziam: "Educação Física, vale? Então é Educação Física que mais gostamos". Como se nota, os próprios discentes não consideravam e mesmo não vivenciavam a Educação Física como um componente curricular. Podemos dizer que, atualmente, em alguns casos, essa aula serve de mera recreação compensatória ao trabalho mental exigido pelos demais conhecimentos trabalhados em sala de aula.
4. Além dos fatores mencionados anteriormente, os quais podem ser caracterizados como pressupostos pedagógicos, ao focarmos o Ensino Médio, temos um problema a mais relacionado à falta de motivação do adolescente para a prática de exercícios, nessa fase de escolarização, bem como sobre as expectativas que os pais têm da

escola. Habitualmente, essa fase de ensino justifica-se para a preparação do jovem ao exame de vestibular. Dessa forma, muitos acreditam que não podem "perder tempo" com coisas que não estejam voltadas ao alcance desse objetivo. Como Educação Física não faz parte dos conhecimentos cobrados nos vestibulares, ela não se aplica aos objetivos imediatos. Em muitas escolas, os créditos relativos a essa disciplina curricular podem ser conseguidos mediante apresentação de participação de programas de atividades físicas em academias ou práticas esportivas em clubes. Como se vê, estamos a desviar completamente do que deveria ser o propósito do conhecimento a ser ministrado na escola pela Educação Física.

Não basta essa constatação e mesmo continuarmos a indicar os erros cometidos ao longo do tempo. Se assim fizermos, estaremos exercitando o "criticismo" e não a capacidade crítica e criativa para o alargamento das interpretações e de possibilidades para as soluções do problema.

Logo no início desta introdução, afirmamos que o conhecimento vivenciado na escola deve nos levar à autonomia, deve servir para a vida. É nisso que acreditamos. E, dessa forma, devemos possibilitar que a Educação Física contribua para isso oferecendo um conteúdo a ser conhecido, praticado e incorporado para a vida toda.

Este é o propósito deste livro, tanto na sua parte de argumentação teórica quanto nas proposições de ação: uma Educação Física para a vida, na qual o sentido de corporeidade esteja presente como um direito, como uma possibilidade de convivência em sociedade, como um conhecimento transformado em saber e, por essa razão, devidamente saboreado.

2 Início de conversa com os professores de Educação Física no Ensino Médio

No Ensino Médio, deparamo-nos com uma série de problemas para o desenvolvimento da disciplina Educação Física na escola. Nessa nossa conversa, vamos comentar alguns deles, os quais são conhecidos por muitos professores:

1. Nessa fase do ensino é bem provável que já existam certos preconceitos dos alunos, em relação às aulas de Educação Física na escola, talvez porque a maioria das experiências vividas tenham sido negativas, como por exemplo: falta de planejamento das aulas, conteúdos repetitivos, ausência de avaliações, vivências enfadonhas ou sem nenhum significado para eles.
2. O entendimento de que a disciplina Educação Física não é componente curricular com conteúdo a ser aprendido, bem como o fato de ela não fazer parte das informações importantes exigidas nos exames vestibulares, quando acontece a escolha da profissão.
3. A desmotivação dos alunos em praticar modalidades esportivas não aprendidas ao longo da vida pessoal e escolar, considerando que muitos discentes possam ter sido marginalizados em aulas de Educação Física no Ensino Fundamental por não apresentarem desempenho compatível com a ideia de gestos perfeitos, ou até de um corpo perfeito.
4. A dificuldade do professor em estimular os alunos para a prática de atividade física, pois, muitas vezes, essas aulas acontecem no

período contrário ao horário escolar, e, nessa fase da vida, os interesses estão voltados a outras atividades, como internet, participação em redes sociais etc.

5. O incentivo dos pais por uma organização diária do tempo fora da escola para estudos das disciplinas de cunho exclusivamente cognitivo, evitando que seus filhos usem esse tempo para voltar à escola com a finalidade de participarem das aulas de Educação Física.

Essas e outras dificuldades se impõem ao trabalho do professor dessa área no Ensino Médio, mas todas elas devem e precisam ser vencidas.

Estruturamos esta obra com elementos que possam auxiliar o professor na tentativa de superação do quadro hegemônico atual. Ao enfatizarmos a necessidade de se respeitar o direito que todo jovem tem de acesso às práticas de esporte, apresentando-o como um conhecimento para a vida, propomos uma mudança conceitual do significado e do trabalho com o esporte na escola.

À medida que trazemos o termo corporeidade como uma atitude e uma visão em relação ao corpo, estamos direcionando o trabalho do professor para a maioria dos discentes, no sentido de participações conjuntas, de criação de dependências, de responsabilidades, da busca de melhor convivência, mesmo quando utilizamos a competição para superações. É importante ressaltar que não consideramos competição como situação antagônica à cooperação. Podemos competir cooperando e cooperar competindo.

A dimensão que damos ao termo esporte engloba todos os exercícios realizados, nos quais encontramos: intencionalidade, regularidade e controle. Dessa forma, o conhecimento e a prática a serem disseminados no Ensino Médio, através das aulas de Educação Física, podem versar sobre temas como: modalidades esportivas, condicionamento físico, caminhadas, lutas, movimentos ginásticos, musculação e muitos outros, sempre associando esses conteúdos aos contextos político, econômico, cultural e social.

Redimensionar a Educação Física no Ensino Médio é fundamental, seja para a ocupação de um espaço de aprendizagem na escola, seja para mostrar a íntima relação dos conhecimentos que essa disciplina tem com a realidade mais ampla da vida do aluno, visando a dotá-lo de uma autonomia para toda a vida.

Como os colegas professores poderão ver, em nenhum momento do livro sugerimos que a Educação Física troque de conhecimento a ser ministrado. Temos o privilégio do trabalho com o esporte, no conceito abrangente que defendemos, como um fenômeno considerado dos mais importantes da sociedade atual. Daí nossa ênfase em não abrir mão desse conhecimento que nos pertence, de formar profissionais e professores que expressem as diversas facetas do esporte e as ensinem na escola para os alunos.

Conhecer e praticar esportes possibilita reconhecer princípios éticos, valores educacionais, regras de convivência, aquisição e manutenção de saúde, enfim, viver humanamente mais e melhor.

Por tudo isso, salientamos que ser professor de Educação Física no Ensino Médio é um privilégio e, claro, ao mesmo tempo, uma grande responsabilidade. Assim, acreditamos que os professores devam ser idealistas, no sentido positivo do termo, devem buscar vencer os obstáculos e conquistar vitórias, situações muito próprias da Educação Física/Esporte. Além disso, devem ser adversários da mediocridade, ou melhor dizendo nas palavras de Ingenieros (2003, p. 17-18):

> *Os espíritos febris por algum ideal são adversários da mediocridade: sonhadores contra utilitários, entusiastas* versus *apáticos, generosos combatem os calculistas, indisciplinados enfrentam os dogmáticos. São alguém ou algo contra os que não são ninguém nem nada. Todo idealista é um homem qualitativo: possui um sentido das diferenças que lhe permitem distinguir entre o mal que observa, e o melhor que imagina. Os homens sem ideais são quantitativos: podem apreciar o mais e o menos, mas nunca distinguem o melhor do pior. [...] O hábito organiza a rotina e nada cria em direção ao porvir; apenas dos imaginativos espera, a ciência, suas hipóteses; a arte, seu voo; a moral, seus exemplos; a história, suas páginas luminosas.*

Essa conversa inicial serve para expressarmos nossa esperança no idealismo dos colegas, desejando que lutem contra os maus hábitos presentes na Educação Física/Esporte ainda existentes na escola. Esperamos que os professores possam criar seus próprios procedimentos para seguirem na direção dos objetivos a serem alcançados e que tenham mais posturas qualitativas para identificar os melhores caminhos para uma vida digna de ser vivida.

3 O fenômeno esportivo como conquista humana

O ser humano apresenta, entre suas características básicas, o sentido de ser mais, de conquistar, de buscar superação de limites, de transcender. Essa qualidade se aplica a todo tipo de conhecimento e a todas as atitudes que ele possa ter. Integra a vida do homem.

Lutar para conquistar significa participar de um processo de aquisição de direitos e vivência de deveres. Vemos isso explicitado em vários documentos oficiais de todos os países do mundo e mesmo em documentos que transcendem fronteiras do Estado constituído.

Como exemplo, vemos que em 10 de dezembro de 1948 foi promulgada pela Assembleia Geral das Nações Unidas (órgão que hoje envolve praticamente 200 países do globo terrestre) a Declaração Universal dos Direitos Humanos. Dentre os seus artigos, destinados ao reconhecimento da dignidade humana em prol da liberdade, da justiça e da paz no mundo, bem como ao progresso social e à melhoria das condições de vida, temos, entre outros princípios: "Todas as pessoas nascem livres e iguais em dignidade e direitos; todos os seres humanos têm direito à vida, à liberdade e à segurança pessoal; ninguém pode ser submetido à tortura, nem ser arbitrariamente preso, detido ou exilado; toda pessoa tem direito de locomoção e de uma nacionalidade; todo ser humano tem direito de expressar suas opiniões; todos têm direito ao trabalho e à remuneração justa deste; todo ser humano tem direito à educação".

Esses direitos e ainda outros, expressos na Carta, foram conquistados ao longo do tempo e implantados, com mais ou menos veemência por muitos países. Identificamos dessa forma, um primeiro direito básico: a Educação.

O direito à Educação também está presente no plano nacional, na Constituição Federal de 1988. Vemos isso nos Artigos 205 a 214, nos quais encontramos, dentre outras afirmações, que a Educação:

- é direito de todos e dever do Estado e da família;
- será incentivada pela sociedade de forma geral, visando o desenvolvimento da pessoa e o exercício pleno da cidadania;
- deve favorecer a liberdade de aprender e de saber e ser garantida por um padrão de qualidade;
- é composta por uma série de conhecimentos mínimos que visam assegurar uma formação básica comum a todos, propiciando o respeito aos valores culturais e artísticos.

O mesmo podemos dizer sobre saúde, um conceito amplo, mas que pode ser descrito como um direito de todos. A Organização Mundial da Saúde (OMS) a define como "um estado de completo bem-estar físico, mental e social" e não simplesmente a ausência de doença ou enfermidade. Como se vê, um conceito que não se limita apenas ao corpo nem é só individual. Abrange relações sociais, coletividade, estabelecimento de políticas públicas, ou seja, ter saúde é um direito a ser conquistado de forma ampla, envolvendo responsabilidade de todos os seres humanos.

Para que esse conceito de conquistas não ficasse no plano idealista, em 1986, houve uma Conferência Internacional sobre Promoção de Saúde, na cidade de Ottawa, no Canadá. Nela foi promulgada uma Carta definindo Promoção à Saúde como um processo de capacitação da comunidade para atuar na melhoria de sua qualidade de vida, que só pode ser entendida na medida da identificação das aspirações humanas, bem como da satisfação de suas necessidades e da modificação favorável do meio ambiente.

Ainda em 1986, foi realizada a 8ª Conferência Nacional de Saúde, a qual definiu saúde como "resultante das condições de alimentação, habitação, educação, renda, meio ambiente, trabalho, emprego, lazer, liberdade, acesso e posse de terra e acesso a serviços de saúde". O entendimento de saúde aqui posto significa abandonar os tradicionais locais destinados a uma interpretação de saúde como cura de doenças, como hospitais e centros de saúde, levando a amplitude do conceito para nossa casa, nossa escola, o ar e a água que consumimos, a remuneração financeira de nosso trabalho, o nosso fazer nas horas de lazer, a preocupação coletiva que devemos ter em relação ao ecossistema.

Referindo-nos ao mesmo evento e aos escritos aí produzidos, é possível identificar a evolução do conceito de saúde: eliminação de doença; estado de completo bem-estar físico, mental e social; construção social; desenvolvimento humano integral; direito humano fundamental; bem público como pré-requisito para o desenvolvimento socioeconômico.

A conquista da saúde também está presente em nossa Constituição Federal de 1988, nos Artigos 196 a 200, como direito de todos e dever do Estado. Importante salientar que saúde é um direito e não um favor governamental. Vê-se que, dessa forma, a saúde está diretamente ligada às políticas sociais e às condições econômicas que sustentam essas políticas. Assim expressa o Artigo 196: "A saúde é direito de todos e dever do Estado, garantido mediante políticas sociais e econômicas que visem à redução do risco de doença e de outros agravos e ao acesso universal e igualitário às ações e aos serviços para sua promoção, proteção e recuperação".

E nossa Constituição diz mais, afirmando que o atendimento à saúde da população brasileira deve ser descentralizado, ou seja, presente em todos os recantos do território nacional, priorizando o sentido preventivo, mas sem descuidar dos serviços assistenciais.

O que muitos não sabem é que a mesma Constituição Federal de 1988, Carta Magna da nação brasileira, estabelece também o Direito ao Esporte em seu Artigo 217, afirmando que o Esporte: é um dever do Estado, o qual se incumbirá de promover práticas esportivas formais e não formais; deve receber recursos públicos para a promoção prioritária do esporte educacional; especialmente aquele criado em âmbito nacional, deve ser incentivado; pode contribuir, com o incentivo do Poder Público, para o lazer do cidadão brasileiro e na forma de promoção social.

Levando esses direitos ao fenômeno esportivo de forma geral, podemos iniciar uma luta para que o conhecimento e a prática do esporte sejam direitos inalienáveis de todo ser humano, constante não apenas nos documentos oficialmente escritos, mas operacionalizados no dia a dia das pessoas. Para isso, alguns pontos importantes devem ser analisados:

Conceito de esporte

Defendemos um entendimento de esporte como algo mais amplo que apenas sinônimo de prática de modalidade esportiva. Concordamos com Bento (2006, p. 155) quando mostra que esporte é "um conjunto de tecnologias corporais, sendo o uso destas balizado por razões e padrões culturais e por intencionalidades, metas e valorizações sociais". Mais que isso, consideramos prática esportiva a execução de um exercício físico sistematizado, no qual encontramos regularidade, controle e intencionalidade. Vê-se, dessa forma, que para nós o fenômeno esporte tem uma compreensão plural, ampla, ligada à história da própria Educação Física, mas também presente em outras manifestações corporais.

Apenas como exemplo, esporte é tanto conhecer e praticar voleibol, futebol, natação, tênis e demais manifestações institucionalizadas de modalidades esportivas como se exercitar regularmente em ginásticas de academias, cumprir um programa de condicionamento físico ou de musculação, correr regularmente em parques ou realizar caminhadas em diferentes trilhas pelos campos ou nas ruas e avenidas das grandes cidades, e até mesmo participar de projetos, como esportes de aventura, atualmente muito em moda. Tudo isso é manifestação do fenômeno esportivo e razão para que a formação desse profissional dê suficiente preparação para que o professor de Educação Física possa ensinar esse conhecimento na escola.

Vimos documentos oficiais que tratam dos direitos à Educação

A pergunta lógica a ser feita após essa análise é: Não pode a aprendizagem de esporte contribuir para o ato educativo e para a conquista da cidadania? Muitas pessoas acreditam que não pode, por estarem presas a um conceito ultrapassado de esporte, entendendo-o como prática atrelada apenas às modalidades esportivas que só podem ser vivenciadas por atletas de alto rendimento, não sendo acessíveis à maioria. Essa visão negativa é real por um lado e falaciosa por outro. Real porque é no valor de rendimento e de competição exacerbada que o esporte (entendido apenas como prática de modalidade esportiva) produz muito da riqueza da nossa sociedade liberal. Falácia porque há outras dimensões do fenômeno esportivo que muito contribuem para a incorporação de valores que deveriam ser vivenciados na escola, como colaboração, interação, compromisso, sensibilidade, participação e outros. Esses argumentos serão mais bem discutidos um pouco mais adiante, quando analisarmos a função social do esporte.

Outros, influenciados pelas divulgações dos meios de comunicação, consideram o esporte violento, alegando que sua prática pode incitar a violência. E também afirmam que o esporte (ainda entendido apenas como modalidade esportiva) não pode estar na escola como processo educativo porque promove a violência. Sempre é bom lembrar que a violência presente na nossa sociedade não é originária do esporte: uma sociedade violenta pratica um esporte violento; sociedades não violentas não terão violência no esporte. Participamos certa vez de um projeto de prática de futebol numa cultura diferente, vivenciado em todas as suas dezessete regras, com campo oficial, árbitros e equipes devidamente uniformizadas. Era um campeonato oficial desenvolvido entre as tribos indígenas do Alto Xingu. Foi interessante notar que toda vez que saía um gol, não interessava para qual time, todos comemoravam numa bonita festa. Se nos propomos a redimensionar os valores do esporte, por meio do trabalho na disciplina Educação Física desenvolvida no Ensino Médio, significa que podemos lutar por um *Esporte para a vida*.

Vimos documentos oficiais que tratam do direito à saúde

Há uma grande produção científica disponível que comprova a importância do esporte (exercício físico sistematizado) para o alcance e a manutenção da saúde e de melhor qualidade de vida. Alguns exemplos: Kokubun (2002); Matveev (1997); Pellegrinotti (2002); Nahas, M. V. (2001); Morales, P. J. C., Nahas, M. V. (2003); Mota, G. R. (2011); Farinatti, P. T. V. (2005); Bagrichevsky, M.; Palma, A., Estevão, A. (Orgs., 2003); Novaes, A. J. Shigunov, V.

(2003); Orsatti, F. L., e Nahas, E. A. P. (2011). Aliás, o exercício físico sistematizado hoje é prática comum na sociedade brasileira. Quantos parques, ginásios, academias, clubes, associações de bairro e condomínios são ocupados por praticantes de condicionamento físico, com aulas de modalidades esportivas, trabalhos de musculação, realização de corridas e caminhadas habituais, pessoas envolvidas e gastando energias corporais em trilhas ecológicas etc. Quantas dessas atividades possibilitam, além do gasto energético, a promoção de novas amizades, de encontros entre amigos e formação de novos grupos de amigos. É a busca e a manutenção da saúde envolvendo as dimensões biológica, psicológica e social. A Educação Física no Ensino Médio pode propiciar a vivência e o entendimento de saúde em todas essas dimensões.

O momento atual, com a realização dos megaeventos esportivos no Brasil (Campeonato Mundial de Futebol em 2014, Jogos Olímpicos e Paraolímpicos em 2016), propicia uma oportunidade a mais para a ressignificação do esporte na escola, bem como a possibilidade do ensino desse fenômeno de forma crítica e criativa.

Outro fator importante nos dias de hoje é a relação de corpo, esporte e meio ambiente. Guimarães (2006), citando estudos de Da Costa, mostra o sentido positivo da busca por exercícios físicos realizados em contato com a natureza, como as práticas de ecoesporte e esporte de aventura, ao mesmo tempo que demonstra sua preocupação por essas atividades serem realizadas de forma inadequada, causando estragos ecológicos. Cabe, portanto, ao professor de Educação Física que atua no Ensino Médio a responsabilidade de ensinar o esporte praticado em espaços abertos, ao ar livre, em contato direto com a natureza, ao mesmo tempo que promove a consciência da preservação do ambiente.

Está na hora de propormos um "Direito ao Esporte". Direito significa poder conhecer, praticar e ter autonomia para exercitar a liberdade de escolha. Isso se consegue por meio do conhecimento e da prática de esportes em que estejam presentes: o sentido de corpo possível e não de corpo perfeito; o conhecimento, e este transformado em sabedoria, para poder escolher quais as melhores formas de vivenciar as possibilidades esportivas; o ensino qualificado do fenômeno esportivo em sua interdisciplinaridade e em sua especificidade; o redimensionamento, por meio do esporte, do conhecimento corporal, passando de um corpo dócil a uma corporeidade ativa, a qual busca transcendência.

Direitos são conquistas

Só uma sociedade integrada por pessoas educadas, cientes de seus direitos e deveres, que vivenciam valores éticos como solidariedade, convivência e respeito, que buscam superações e/ou transcendências, pode lutar por conquistas significativas no sentido da melhoria de sua vida e da vida do planeta. O esporte pode auxiliar nessa trilha de conquistas expressivas.

SUGESTÃO DE LEITURA

NAHAS, M. V. *Atividade física, saúde e qualidade de vida:* conceitos e sugestões para um estilo de vida ativo. Londrina: Midiograf, 2001.

PARA REFLETIR

Como os grandes eventos esportivos que serão realizados no Brasil podem alterar nossa cultura esportiva? Como ajudar meus alunos a construírem seus próprios conhecimentos sobre o universo esportivo, interpretando o fenômeno esporte numa dimensão plural, ampla, presente nas manifestações corporais?

---

4 O esporte e sua função social

Quando tratamos do "Direito ao Esporte", falamos da relação esporte, educação e saúde, como possibilidades e objetivo de cumprir a função social do esporte.

A primeira dessas funções poderia ser a de aprender, com a vida e a prática esportiva, a vencer e a perder. Disso é feita a vida: de vitórias e de derrotas. Isso nos diferencia dos deuses. Melhor dizendo nas palavras de Bento (2010, p. 52):

> *Em débil contrapartida e intrigante compensação, nós os humanos praticamos a única coisa que aos deuses é vedado fazer: arriscar-se ao fracasso, ao insucesso, à incerteza, à tensão, à desilusão e à derrota. Eles – os Deuses – só sabem e podem ganhar; nós somos predestinados a assumir o risco de perder, nascemos para cumprir o destino e fado de ganhar algumas vezes, de perder muitas outras e de ter que aprender a perder e a suportar a derrota, mas sem perder a face, a determinação e o gosto de insistir, treinar e competir, de tentar e ousar, de melhorar e progredir. Chama-se isso vencer, viver e existir.*

A função social do esporte deve admitir e informar aos alunos presentes nas escolas de Ensino Médio que ao lado do *Homo sapiens* e *Homo faber*, já presentes na história da humanidade, há, especialmente a partir do século XX, a presença do *Homo sportivus*, concebendo o homem total e integral. É o esporte nos auxiliando no cumprimento de nosso destino, do alcance de nossa humanidade, um homem que reúne em si corpo e alma, espírito e natureza, bondade e força (Bento, 2010).

Ainda segundo o autor, o *Homo sportivus* é constituído de diversos elementos cromossomáticos: há o *Homo ludens,* aquele que tem a necessidade de jogar para garantir a vida; o *Homo humanus*, cavalheiro, impecável em suas atitudes, virtudes e sentimentos, o qual orienta sua vida sempre por princípios e valores; o *Homo aeticus* e o *Homo aesteticus*, constituídos pelo ser humano formado na escola do caráter, proposição básica no esporte, amante da liberdade, da beleza, do bem, das boas maneiras, o qual esgota suas forças na competição sem desrespeitar as normas do jogo e os adversários.

Sempre é oportuno lembrar que a vida em sociedade, analisada na perspectiva da ética, irá exigir normas fundadas em pressupostos éticos. É claro que sabemos que as normas ou mesmo leis existentes não são suficientes para garantir a execução desses princípios no dia a dia das pessoas. O mesmo fato ocorre quando nos fixamos em analisar o fenômeno esportivo, em especial, quando atrelado ao sentido da competição. As normas e regras fixadas pelo esporte impõem uma vivência competitiva assentada nos valores morais. Podemos, por exemplo, tentar vencer um determinado adversário a qualquer custo, mas isso tem como contrapartida estarmos conscientes de que nossas inclinações pessoais estão conscientes e não descontroladas. Perder o controle revela que deixamos de ser livres e tornamo-nos dependentes de nossos desejos, e isso é um problema ético.

A vivência esportiva favorece o aperfeiçoamento da humanidade, daí seu valor social. Para um praticante de esporte, ou um atleta de uma determinada modalidade esportiva, aperfeiçoar sua humanidade não basta que jogue melhor, que seja mais perfeito em seus gestos motores. É fundamental a incorporação da consciência ética. Ser mais humano não é apenas se aperfeiçoar técnica, tática e motoramente por meio de pressupostos científicos, se bem que isso não significa abandonar ou mesmo desprezar essas instâncias. A ciência, inclusive a que se destina ao fenômeno esportivo,

> *[...] não pode ultrapassar seu campo de competência que é de encontrar meios para aperfeiçoar o desempenho do atleta. Ela não pode achar que o atleta é um mero produto científico, pois a formação do esportista, numa perspectiva ética, implica considerar também esta formação como um processo de amadurecimento dos atos livres e conscientes da pessoa humana que segue valores morais. O exercício responsável da liberdade exige que todo atleta não seja concebido como uma mera máquina a serviço da vitória, mas possua a dignidade de ser humano que age segundo o horizonte ético* (Caminha, 2003, p. 63).

É preciso que fique claro para nós, professores de Educação Física do Ensino Médio, que ser atleta, seja de alto rendimento, seja de lazer, nos leva a melhorar nossa eficiência técnica na busca de competir melhor. Mas esse corpo atleta, na escola ou fora dela, quando compete no dia a dia, é sujeito a direitos e deveres e não é um mero objeto de manipulações biotecnológicas. O conhecimento e a prática esportiva podem favorecer a experiência de nos tornarmos mais humanos segundo uma dimensão simbólica de competição na qual estão presentes valores morais.

O professor de Educação Física na escola deve estar preparado para analisar as cenas esportivas divulgadas pelos meios de comunicação nas suas mais diversas possibilidades de interpretação e, com isso, alargar a visão dos alunos para o fenômeno esportivo enquanto valor social. Como exemplos, apropriamo-nos de duas cenas conhecidas: a primeira, acontecida nos Jogos Olímpicos de Los Angeles em 1984, mostrou a maratonista suíça Gabrielle Andersen em seu esgotamento físico ao finalizar a prova, momento em que seu corpo se contorcia numa nítida dificuldade de controle e coordenação motora ao cruzar a linha de chegada; a segunda, mais recente, focalizava o corpo do atleta Ronaldo "Fenômeno" com seus quilinhos a mais quando da apresentação como contratado de um clube esportivo paulista.

Como essas duas cenas foram exploradas? Ambas em nome do rendimento atlético que, é claro, estava presente. Na primeira, através da batalha árdua entre os limites e as potencialidades do corpo; a segunda, enfatizando, nos comentários hilariantes, o desleixo de um atleta de alto rendimento com sua *performance* esportiva. Cabe ao professor de Educação Física mostrar a seus alunos outras facetas dessas cenas. Uma análise possível seria da dedicação, do empenho, da perseverança que são necessários para conquistas esportivas. Outra seria das exigências sociais de um modelo de exacerbação de rendimento calcado sobre o corpo atleta que, no momento de perda ou baixo rendimento, passa a ser ridicularizado e substituído por outros corpos mais aptos a cumprirem a missão. Mais uma abordagem ainda possível seria a de levarmos os alunos a considerarem quantos atletas de alto rendimento seriam possíveis de serem garimpados na escola, em nome de uma prática esportiva que deixaria de lado a maioria de corpos de atletas de lazer.

A função social do esporte deve permitir que o aluno do Ensino Médio saiba que o esporte tem em sua estrutura o sentido da competição, seja individual, seja coletiva, mas essa competição deve ser vivenciada por meio de valores éticos e morais.

A função educativa do professor de Educação Física levada avante pela Educação Física escolar pode permitir que o aluno não seja seduzido pelo narcisismo, em que o adolescente busque somente a si próprio, aderindo a modismos, a vantagens pessoais, esquecendo-se de uma militância coletiva na busca do bem comum. Por sinal, essa é uma função social da Educação Física: evitar que o cuidado com o corpo se transforme em pura malhação, em que a consciência do eu possa substituir a consciência coletiva. Melhor dito nas palavras de Lipovetsky (1989, p. 53), quando se refere a um possível adestramento social, aqui associado por nós às práticas de exercícios físicos sistematizados destinados ao corpo, pois esse adestramento

> *[...] já não se efetua através da coerção disciplinar nem mesmo da sublimação; efetua-se por meio da autossedução. O narcisismo, nova tecnologia de controle flexível e autogerido, socializa dessocializando, põe os indivíduos de acordo com o social pulverizado, glorificando o reino de plena realização do ego puro.*

Ao trabalhar o esporte como elemento possível para o ato educativo, temos a oportunidade de desenvolver ações em que os alunos criem dependência, trabalhem em equipe, socializem alegrias e tristezas, elementos esses presentes numa prática esportiva devidamente orientada. Isso é um contraponto ao hedonismo contemporâneo, representado pela forma individualista de viver com avidez, considerando que essa forma de vida é nociva aos valores de uma sociedade humana. Melhor dizendo nas palavras de Goergen (2011, p. 108):

> *A predominância desta perspectiva na vida dos jovens faz com que eles se tornem materialistas, utilitaristas e hedonistas. Só lhes interessa o que traz vantagens pessoais de satisfação, prazer, posse, reconhecimento social e poder.*

Como somos pertencentes à sociedade brasileira e estamos falando da função social do esporte, temos, por obrigação e respeito às nossas tradições, que adentrar ao mundo do futebol. Durante muito tempo, o que ouvimos falar como regra maior foi: "Futebol é o ópio do povo". Interessante que nós, profissionais da área da Educação Física, sempre enaltecemos essa visão utilitarista da sociologia. Sem negarmos a implicação contida nessa frase, vamos olhar o fenômeno futebol sob outros aspectos e, para tanto, nos apropriarmos dos escritos de Daolio (2003). Diz o autor que o futebol faz parte da sociedade brasileira de uma forma muito efetiva, a ponto de podermos afirmar que o Brasil e o brasileiro estão impregnados de futebol.

Prova disso: quando o brasileiro nasce, especialmente se for do sexo masculino, recebe três designações: um nome, uma religião e um time de futebol.

Tal qual o autor, concebemos o futebol como muito além de um esporte definido por um conjunto de regras. Ele é uma prática social que permite expressar uma série de problemas sociais nacionais. Prova disso, apenas como pequeno exemplo: nos momentos em que o Brasil ostentava a condição de país endividado com os órgãos internacionais de financiamento, exportávamos jogadores que lá fora tinham oportunidades promissoras em suas carreiras; no atual momento de melhoria da conjuntura econômica nacional, importamos (ou mesmo repatriamos) jogadores de futebol de várias partes do mundo.

Tentando entender por que o futebol, de origem inglesa, fez tanto sucesso no Brasil, Daolio (2003) traça quatro pontos interessantes: o primeiro diz respeito à afirmação de que o futebol em si é um exercício de igualdade. Times que se enfrentam, mesmo considerando diferenças econômicas entre eles, no desenrolar do jogo, parecem ter as mesmas condições. Aliás, o futebol, dentre os esportes coletivos tradicionais, é o que apresenta as maiores possibilidades de resultados surpreendentes, com equipes de menor expressão conseguindo suplantar times consagrados.

Quando nos referimos à igualdade, ela se estende para fora do campo de jogo. O cidadão, ao exercer sua vivência social, é enquadrado por diversos critérios de julgamento: escolha de profissão; oportunidades de pertença a diversas associações de classe; grau de escolarização e outros. Agora, torcer por um time é de livre escolha e o contato entre torcedores se expressa pelo time e não por outras categorias sociais. Para os críticos de plantão, não estamos aqui fazendo apologia de mascaramento de classes sociais.

O segundo ponto levantado por Daolio (2003) a chamar a atenção é que o futebol é jogado basicamente com os pés, ou seja, com a parte inferior do corpo. Se associarmos isso a outras manifestações culturais brasileiras, temos um povo que pratica capoeira (tocar no oponente deve ser com os pés), que samba (o sambista é aquele que tem "samba no pé"), que pratica rituais religiosos com danças marcadas por passos ritmados pelos pés.

> *Essa habilidade com os pés seria, segundo Mauss (1974), uma técnica corporal, característica motora de uma sociedade, passível de transmissão para seus descendentes. Esta noção explicaria o fato de os meninos do Brasil nascerem, praticamente, "sabendo jogar futebol"* (Daolio, 2003, p. 161).

O terceiro aspecto da relação cultura brasileira e futebol é a necessidade e mesmo a importância, para a prática dessa modalidade esportiva, da exercitação do drible. Driblar é burlar a vigilância do adversário, é mostrar que um jogador ginga com sua esperteza, é desconcertar o adversário. Quando nos lembramos do jogador Garrincha, salta em nossa mente duas noções: drible e malandragem.

Da Matta (1979) já considerava a malandragem como um modo de defesa autenticamente brasileiro. Também aqui, para nos livrarmos dos ideólogos de plantão, não estamos a defender o "jeitinho brasileiro" de levar vantagem, certo?

O quarto ponto destacado diz respeito ao que é possível no futebol, pois, mesmo sendo um esporte coletivo, há livre expressão individual. Muitas vezes, a vantagem técnica e tática de uma equipe pode ser exprimida por um chute inesperado, por um drible desconcertante ou uma arrancada veloz de um atleta. Essas expressões estão muito presentes nos atletas e em equipes brasileiras e, mais raramente, em equipes europeias, por exemplo. O nosso jogador e a nossa cultura valorizam o "gol de placa", a "bicicleta", o passe de "chaleira". Um gol conseguido de "bico" ou de "bicicleta" vale a mesma coisa. Mas, para nós, há uma diferença gritante, o que já não acontece, com tanta paixão, na lógica inglesa (inventora do futebol) ou alemã (outra grande expressão desse esporte).

Refletindo ainda mais sobre a importância da função social do esporte, mais especificamente no caso da associação entre o futebol e a sociedade brasileira, podemos encontrar em Daolio (2003) outros argumentos interessantes. Diz esse autor que a vivência do futebol brasileiro analisada como prática social possibilita que as pessoas expressem sentimentos muitas vezes reprimidos na cotidianidade. O torcedor sente ódio de um árbitro quando o considera responsável pela derrota de seu time; sente raiva do técnico quando este escala os jogadores de forma diferente de como ele faria; sente-se vingado quando sua equipe derrota um rival tradicional; exalta sua fidelidade ao time mesmo quando ele passa muito tempo sem títulos; põe à prova sua paixão pelo time quando suporta gozações de torcedores de times contrários; reaviva a fé quando seu time, sabidamente técnica e taticamente inferior ao adversário, vence o opositor; sente-se humilhado quando perde por goleada; hostiliza a torcida adversária com cânticos e gritos de guerra. Todas essas vivências são expressas pelo torcedor no fenômeno futebol. Vê-se quão rico é o universo esportivo e como há vários ângulos que possibilitam a sua análise pelo professor de Educação Física no Ensino Médio.

No item deste livro que tratamos do **Fenômeno esportivo como conquista humana**, fizemos uma pequena menção sobre a associação do tema violência com o esporte que gostaríamos de retomar aqui, considerando como elementos da prática social. Diz-se, no senso comum, que o esporte gera violência. Como vimos, o esporte, e aí concordamos com Daolio (2003) no caso do futebol brasileiro, vivenciado pelas torcidas, expressa e não gera a violência, a qual é decorrente de outros fatores presentes na sociedade em que vivem os torcedores. A mesma pessoa que está domingo no estádio de futebol torcendo por sua equipe sofre com agressividades no dia a dia, com problemas de desemprego, transporte inadequado, educação sem qualidade, falta de atenção à saúde, de contato com escândalos da classe política, sem que isso tudo seja solucionado.

Assim, trabalhar com as questões do futebol de forma descontextualizada pode ser perigoso, razão de análises mais abrangentes do que apenas o campo de jogo ou o resultado de uma partida.

Vivenciar ódio, hostilidade e sofrimento é tema que deve ser discutido entre os alunos. Vingança pode gerar atitudes agressivas. De outra forma, ver a explicitação disso no futebol não nos dá o direito de negá-lo, de colocá-lo como uma entidade autônoma fora do contexto social em que está envolvido. Como professores de Educação Física, que ministram conhecimentos na fase de escolarização denominada Ensino Médio, devemos, por exemplo, levantar questões do tipo: O que vem acontecendo na sociedade brasileira que tem gerado tantas manifestações de violência junto a torcidas organizadas nos estádios de futebol? E, claro, refletir sobre as possíveis respostas e significações produzidas por nossos alunos.

O futebol, como fenômeno social, está inserido no dia a dia da vida dos brasileiros, não sendo possível deixar de discuti-lo, de assisti-lo, de saber sobre ele. E mais ainda: no momento em que nosso país vive um período de grandes realizações de eventos esportivos, como a Copa do Mundo de 2014, os Jogos Olímpicos e Paraolímpicos de 2016, aumenta a responsabilidade do docente dessa área de conhecimento em levar para suas aulas temas que norteiam esses eventos.

Há um brilhante pensador do século XX que realizou importantes estudos sobre o esporte e o futebol, contribuindo para a compreensão de algumas de suas dimensões, como violência e tensão e suas manifestações no esporte. Trata-se de Norbert Elias. Santos (2006) produziu um texto sobre Elias centrando a preocupação na análise de algumas manifestações do futebol, mostrando que, para

Elias, a maioria dos jogos e dos esportes não surge amadurecida. Diz em seu artigo:

> *Desporto maduro seria aquele que após passar por um processo de experimentação das polaridades interdependentes atinge um estado de equilíbrio de tensão instável, moderando e oferecendo a ambos os competidores a chance de um desfazer o equilíbrio e vencer a partida. Como consequência, o estado de tensão não é demasiado breve nem demasiado longo* (p. 292).

Daí a razão de, no futebol, dois times de níveis bem diferentes realizarem um jogo equilibrado por muito tempo. A argumentação tenta mostrar que a dinâmica do futebol favorece um equilíbrio de tensão por tempo talvez demasiado, podendo aí aparecer o potencial de manifestação de violência.

Diz ainda o autor que, para Elias, o único esporte que já nasceu maduro é o basquete. Sua dinâmica é bem diferente, pois, não há empates e uma equipe fraca dificilmente perderá por uma diferença muito grande de uma equipe forte, ou seja, é impossível equilibrar a partida.

Como se vê, quanta informação do fenômeno esportivo, enquanto manifestação cultural, se traduz como conhecimento a ser oferecido nas aulas de Educação Física para o Ensino Médio.

Outro autor que podemos referenciar sobre o esporte e sua função social, no que diz respeito a valores éticos, é Feio (1990, p. 59), quando afirma que:

> *E se o espírito desportivo liberta porque leva à disciplina, ao respeito pelo adversário, às solidariedades, à tolerância, em suma à liberdade e à democracia, e se não são estes os valores que quotidianamente vemos imperar na sociedade contemporânea, nomeadamente no setor desportivo, então, face às concorrências desleais, aos intervencionismos centralizados e obsoletos, à ignorância sobre o papel do Estado no desenvolvimento desportivo, a palavra opção, feita doutrina, face ao país a desenvolver desportivamente deve merecer a melhor atenção dos responsáveis. Falar da dimensão cultural e ética do desporto, quer dizer desenvolvimento do desporto, transformação de mentalidades, desenvolvimento social.*

É possível identificar em Feio (1990), ao encerrar seu texto, a importância de uma educação esportiva quando revela a relevância do ato pedagógico impregnado de espírito esportivo. Há a proposta de estudantes educados na perfectibilidade e no entendimento cultural da gestualidade esportiva, considerado esse ato pedagógico uma opção político-administrativa em consonância com a essência utópica do próprio esporte.

A função social do esporte, neste novo século XXI, exige uma proposta educativa consistente, calcada em uma pedagogia crítica e criativa a ser desenvolvida no interior da escola. Essa é uma opção do professor de Educação Física que atua no Ensino Médio.

SUGESTÃO DE LEITURA

SEVERINO, F. E. S. (Org.). *Ética e formação de professores:* política, responsabilidade e autoridade em questão. São Paulo: Cortez, 2011.

PARA REFLETIR

Como professor de Educação Física no Ensino Médio até que ponto minhas aulas têm auxiliado os alunos a se transformarem em "atletas do lazer", conduzindo-os à busca de melhor eficiência técnica em seus movimentos, aproveitando-me das situações de competição para trabalhar os valores morais e debatê-los?

---

5 Corporeidade no esporte: a busca de autonomia

Conforme já dissemos anteriormente, acreditamos que todo processo educativo deve propiciar a autonomia dos alunos, em qualquer fase de escolarização formal. No Ensino Médio, isso se reveste de tamanha importância por tratar-se de um período em que o adolescente prepara-se para escolhas fundamentais em sua vida, como a escolha de uma profissão. É aí que o sucesso, tanto para o ser humano quanto para o profissional, dependerá de sua capacidade de agir, de criar, de tomar decisões e de melhor conviver com os outros e com o mundo.

Após escrevermos sobre o esporte como direito, e mostrarmos a sua importância social, queremos nos concentrar no binômio corporeidade/esporte.

Para isso, um primeiro esclarecimento se torna necessário. Corporeidade não é um objeto específico de estudo de alguma área de conhecimento científico, inclusive a da Ciência do Esporte. Corporeidade é mais que um conceito, é uma atitude perante a vida. É viver o próprio corpo na relação consigo mesmo, com as outras pessoas e com as coisas presentes no mundo.

Há um texto de Moreira (2008) enfatizando que analisar o fenômeno corporeidade é adentrar ao conhecimento de símbolos e signos que estão incorporados em nós ao longo do tempo. O ser humano, por ser produtor dessa cultura, recebe marcas que estão presentes em seu modo de ser e de conviver.

Preocupar-se com a corporeidade discente remete à ação do professor de Educação Física no Ensino Médio para além de ensinar conteúdos de forma fragmentada, como dar saque, dar manchete, dar toque. Temos que considerar o ser como um todo, dotado de pressupostos inteligíveis, sensíveis, motores, pois, não fazendo isso desconheceremos a corporeidade discente.

A questão da especialização ou do conhecimento apresentado parte por parte na educação é um legado do paradigma cartesiano, o qual propunha que, dominado o conhecimento da soma das partes, teríamos o conhecimento do todo. Isso já fora denunciado por Capra (1993). Daí haver especialistas para tudo o que diz respeito ao corpo, mas o que mais nos incomoda é que esses especialistas desconhecem o ser humano que está presente à sua frente. Se olharmos para a área da medicina, apenas como um exemplo, identificamos vários especialistas só para a região da cabeça. No entanto, o que se reclama hoje é que esses profissionais entendem muito da doença de sua especialidade, mas não sabem nada sobre a pessoa, o paciente, que está em sua presença. Na Educação Física acontece o mesmo quando nosso processo pedagógico é definido apenas em repetições de exercícios localizados até a exaustão, como um fim em si mesmo. Qual o conhecimento que temos sobre o/a rapaz/moça que pratica esporte em aula? Quantos de nós professores nos preocupamos com o ser humano que joga e procura, no ato de jogar, sua transcendência ou superação? Será que a soma do adestramento dos movimentos exigidos em um jogo possibilita o amplo conhecimento do ato de jogar?

O corpo atual, em nossa cultura racionalizada, cientificizada e de escala industrial produtiva, torna-se um objeto de uso, um utensílio, uma ferramenta, possível de ser manipulado pela vontade de outros, dependente dos interesses econômicos, políticos ou ideológicos. É o corpo objeto de transação, de troca, de exclusão, de coisa a ser descartável após seu uso e, normalmente, abuso.

É o corpo que, para ser conhecido, deve ser esquadrinhado, invadido, manipulado, sem vontade própria, não podendo ser senhor de sua existencialidade. É o corpo-máquina de Descartes, em que o mau funcionamento de uma peça exigirá a troca dessa peça e nada mais.

É o corpo material, massa muscular, apêndice daquelas reais qualidades do ser humano que são o espírito e o intelecto. É o corpo disciplinado, submisso, que pode ser conhecido e controlado por médicos, treinadores, professores, industriais etc. É o corpo direito de posse, por exemplo, das ciências da saúde e das práticas médicas, que sempre reivindicaram o direito exclusivo de intervirem nos corpos doentes ou "mal acabados", por meio de cirurgias de reconstrução estética, de oferecimento de regimes nutricionais, de malhações em academias da moda etc. É o corpo direito de posse e propriedade, historicamente presente nos códigos de direito. É o corpo docilizado pelas pregações religiosas, com direitos futuros de um grande palácio celestial, quando já não for mais corpo bruto e pecador.

É o corpo que, para ser conhecido, apresenta-se como problema para a universidade, e que será analisado como algo complicado, necessitando ser simplificado em suas partes para o estudo de sua constituição. Conhecidos seus mínimos detalhes, estaremos prontos para compor esses detalhes e teremos, então, o entendimento do todo – corpo de ser humano.

O estudo desse corpo-problema tem como paradigma o princípio anatomofisiológico. Não é por outra razão que nos cursos de Educação Física oferece-se grande destaque para as disciplinas que se preocupam com essa visão. Sem menosprezarmos a importância desse conhecimento, é fundamental, desde já, assumirmos o seguinte entendimento: o ser humano não é apenas um ser biológico, como também não é apenas psicológico, ou antropológico, ou... O corpo humano é exatamente a complexidade e a conexão de todas as formas possíveis de interpretação desse fenômeno.

E por falarmos em conceituações, para o estudo do fenômeno corporeidade é fundamental traçarmos nossa caminhada balizados pelos critérios de elaboração de teorias e não de doutrinas, pois a complexidade do conceito só poderá ser assumida de forma aberta e reflexiva. Isso nos enfatiza Morin (1986, p. 103): "Uma teoria permite ao teórico reconhecer, fora da teoria, a realidade que ela não pode conceber. Uma doutrina impede o doutrinado de ver a realidade que ela oculta".

Elaborar uma Teoria da Corporeidade nos parece fundamental para chegarmos a operacionalizar fundamentos pedagógicos em Educação Motora, mas sempre tendo o cuidado de não deixar a teoria ser alcançada pelo *status* de doutrina.

Exige também o conceito de corporeidade um cuidado especial quanto ao que se refere à ideologia, pois, tudo o que a ideologia (na concepção tradicional) não consegue conceber, ela tende a remeter para a periferia ou considerar secundário os dados cuja existência precisa admitir, mas cujo sentido não pode entender, senão por um questionamento a si mesma. Corporeidade exige um conceito pluridimensional, e a ciência clássica trabalha com conceitos unidimensionais, que alcançados e definidos por uma teoria, via de regra pelo seu valor ideológico, transforma-se em doutrina. Corporeidade exige um conceito compatível com uma ciência moderna, ou como nos revela Morin (1986, p. 95):

> *Os sistemas de ideias científicos são, em princípio, teorias, isto é, sistemas abertos forçados a aceitar as regras do jogo: a possibilidade de serem anulados pelos dados empíricos ou invalidados pelo exame lógico. Evidentemente, mesmo em plena prática científica, toda teoria dominante tende naturalmente a se fechar em doutrina, a dogmatizar suas evidências principais, a contestar o máximo possível aquilo que a contesta. Mas, na ciência moderna, nada pode favorecer por muito tempo uma doutrina que se tenha tornado autossuficiente, não falsificável, não biodegradável.*

Conhecer corporeidade é ser capaz de distinguir, de separar os objetos uns dos outros, de construir várias fronteiras ou critérios balizadores, no sentido de evitar a confusão ou a imprecisão. Mas é preciso mais que isso, porque corporeidade exige também o ato de relacionar, de não se considerar os objetos como entidades isoladas, pois a vida de quem conceitua é uma permanente interação com esses objetos.

Conhecer corporeidade é saber distinguir e, ato contínuo, saber relacionar o que foi distinguido. Como salienta Morin (1986), toda atividade de pensamento comporta distinção, objetivação, análise e seleção. Já esse conhecimento não admite a ideia de simplificação, pois, caso contrário, transformaríamos a distinção em disjunção, a objetivação em objetivismo, a análise em redução.

Conhecer corporeidade é superar a tradição de explicar o homem como um ser mutilado, reduzido, unidimensional. Vejamos o que nos diz, mais uma vez, Morin (1986, p. 113):

> *Vamos partir do homem. Ele é concebido como* homo sapiens *e* homo faber. *Ambas as definições são redutoras e unidimensionais. Portanto, o que é* demens *- o sonho, a paixão, o mito - e o que é* ludens *- o jogo, o prazer, a festa - são excluídos de* homo, *ou, no máximo, considerados como epifenômenos. O sentimento, o amor, a brincadeira, o humor passam a não ter mais lugar, senão secundário ou contingente, em todas as visões controladas pelo paradigma de* homo sapiens/faber.

Conhecer corporeidade leva à necessidade de superar a noção de um homem/aluno apenas técnico, *Homo faber*, associando a essa noção o conceito de homem/aluno imaginativo, aquele capaz de criar e destruir fantasmas, de sonhar e destruir mitos. No conceito de corporeidade, concorrem em iguais condições o *Homo sapiens* e o *Homo demens*, pois aquele que produz sabedoria técnica e ciência é o mesmo que produz poesia e arte. É necessário conceber imbricados os conceitos de trabalho e ócio, não como oposições em que o primeiro é valorizado e o segundo, desprezado, mas ambos compondo o modelo de homem/aluno vivo, existencializado.

Temos que ver o aluno do Ensino Médio por meio do conceito de corporeidade, no sentido do olhar complexo, no sentido de fenômeno ocorrente e não de causalidade factual. Mas, reconhecemos, é sempre mais difícil pensar a corporeidade como fenômeno, pois nela necessitamos saber distinguir e relacionar, evitando paralelamente a disjunção e a confusão. Precisamos, ao mesmo tempo, distinguir, analisar, associar e sintetizar. Ou mais precisamente, como nos diz Morin (1986, p. 113):

> *Precisamos tentar reconhecer a multidimensionalidade dos fenômenos, reconhecer a presença do observador/conceituador na observação/concepção, isto é, a presença do sujeito no objeto. A complexidade está condenada a oscilar entre simplificação e a confusão.*

A vida é multidimensional, pois, como indivíduos ou como integrantes da sociedade e da cultura, somos seres que não se reduzem à política, embora nada escape a essa dimensão, à economia, à tecnologia. Verdade também é que nada escapa das dimensões subjetiva, afetiva e lúdica. Essa multidimensionalidade não se encontra em nós de forma harmoniosa, mas coexiste no conflito, na contradição. A corporeidade é assim, multifacetada, contraditória, energia que leva ao movimento e é impulsionada pelo conflito.

Nos últimos tempos, alguns autores nacionais já entraram na dança conceitual da corporeidade, cada um à sua maneira, tentando apresentar o ritmo adequado dos compassos e das notas da melodia complexa.

Santin (1993) informa que a responsabilidade da área da Educação Física/Esporte está em modificar a história de uma corporeidade disciplinada, aquela que é consequência da compreensão do corpo como parte secundária do ser humano que deve ser sacrificada em função dos ideais humanos, para uma corporeidade cultuada e cultivada, vivida sob os signos da abundância, pois corporeidade humana não pode ficar presa à satisfação apenas de suas necessidades primárias. Diz esse autor que a Educação Física deve ser repensada para cultivar e cultuar a corporeidade humana, inspirada no impulso sensível, na harmonia musical, nos ideais de beleza e nos valores estéticos.

Regis de Morais (1993), dimensionando o futuro da consciência corporal, sugere que deve ser colocada aos profissionais da Educação Física a meta do entendimento da corporeidade na passagem do trato com o corpo-problema para o corpo-mistério. Regis de Morais diz mais, informando que o momento atual é propício para o crescimento reflexivo e prático da corporeidade, pois nas décadas vindouras é fácil visualizarmos o grande papel a ser desempenhado pela consciência corporal fora dos esquemas dualistas, e os profissionais da corporeidade, os que ensinam e preparam os corpos para a dança, o esporte, a atividade física, a ginástica, sentirão cada vez mais a necessidade da reflexão filosófica para o seu "o que fazer?", deixando para trás os preconceitos de que uns pensam e os outros tecnicamente fazem.

Assmann (1994) é convincente ao demonstrar que as culturas, as ideologias e as organizações sempre inventam um corpo humano adequado e conforme. Para provar essa afirmação, utiliza-se de metáforas como: "corpo jardim fechado", aquele que é sinônimo de templo ou morada do espírito, virgem, sagrado; "corpo aberto e devassável", da ciência tradicional, onde se podia interferir, manipular, cortar, enfim, corpo dessacralizado, devassado, invadido; "corpo ajustável ao que se precisa", moldado segundo as exigências profissionais da força de trabalho da sociedade moderna, corpo relação mercantil em última análise, entre outros. Enfim, Assmann termina seu escrito também de forma enfática afirmando que o corpo é a instância fundamental e básica para articular conceitos a uma teoria pedagógica, e que somente uma teoria da corporeidade pode fornecer as bases para uma teoria pedagógica.

Moreira (1995) traz a metáfora de corpo "presente/pressente", que na vertente epistemológica é o acesso a uma concepção global do homem por meio do corpo, que possui uma expressão, que dialoga e faz comunicar-se com outros corpos; é o corpo revelando uma personalidade e, ao mesmo tempo, uma cultura que se entrelaça no estabelecimento de uma sociedade. Assim, corpo não pode continuar sendo encarado como simples habitação do espírito, pois sem ele o espírito não se concebe, e as atividades corporais, por meio do jogo e do esporte, devem exercitar a criatividade, a liberdade, a alegria e o bem-estar.

Fontanella (1995) também lança olhares sobre o fenômeno corporeidade, relatando a história da civilização ocidental e sua tradição dualista, enfocando que há a possibilidade da recuperação do homem enquanto ser uno. Menciona, inclusive, que podemos ver, nos dias atuais, momentos em que esse homem é indivisível, principalmente quando se dedica à dança, ao esporte, ao contemplar as artes e à atividade sexual. Nesses momentos, é possível o rompimento com os dualismos.

Há outros autores, mas, por ora, bastam esses. O que queremos defender como tese neste momento é a possibilidade da produção de uma Teoria da Corporeidade, em que os valores mencionados anteriormente estejam presentes, e essa teoria será o suporte para a concepção de uma Proposta Pedagógica para o trato da Corporeidade na Educação Física Escolar.

Como se vê, corporeidade não é um conhecimento acabado nem um conceito pronto, consagrado, mas é uma atitude que devemos ter enquanto professores de Educação Física perante o trato com o corpo de nosso aluno.

Também podemos indicar corporeidade de uma forma mais poética. Para tanto, aproveitamos um texto de Moreira (2003), inspirado no poema *Instantes*, de Jorge Luis Borges, para dizer que corporeidade é voltar a viver novamente a vida, na perspectiva de um ser unitário e não dual, num mundo de valores existenciais e não apenas racionais, ou quando muito, simbólicos.

Corporeidade é voltar os sentidos para sentir a vida em: olhar o belo e respeitar o não tão belo; cheirar o odor agradável e batalhar para não haver podridão; escutar palavras de incentivo, carinho, de odes ao encontro, e ao mesmo tempo buscar silenciar, ou pelo menos não gritar, nos momentos de exacerbação da racionalidade e do confronto; tocar tudo com o cuidado e a maneira de como gostaria de ser tocado; saborear temperos bem preparados, discernindo seus componentes sem a preocupação de isolá-los, remetendo essa experiência a outros no sentido de tornar a vida mais saborosa e daí transformar sabor em saber.

Corporeidade é buscar transcendência, em todas as formas e possibilidades, tanto individual quanto coletivamente. Ser mais é sempre viver a corporeidade, é sempre ir ao encontro do outro, do mundo e de si mesmo.

Corporeidade é existencialidade na busca de compromissos com a cidadania, com a liberdade de pensar e agir, consciente dos limites desse pensar e desse agir.

Corporeidade é, novamente variando sobre o poema de Jorge Luis Borges, já mencionado: andar mais descalço para o retorno ao respeito à natureza; nadar mais rios, procurando batalhar por águas límpidas e cristalinas; apreciar mais entardeceres, onde o horizonte não seja um buraco de ozônio ou esteja camuflado por nuvens de poluição; viajar mais leve, sem levar, sempre, um guarda-chuva, uma bolsa de água quente, uma galocha e um paraquedas; viver o dia a dia com menos medos imaginários.

Corporeidade é incorporar signos, símbolos, prazeres, necessidades, por meio de atos ousados ou de recuos necessários, sem achar que um nega o outro. É cativar e ser cativado por outros, pelas coisas, pelo mundo, numa relação dialógica.

Esse é o sentido de corpo que devemos encontrar no trabalho com os esportes na escola, desenvolvendo a ideia de um corpo possível e não apenas de um corpo perfeito para a prática de modalidades esportivas. Todos nós temos o direito ao conhecimento e à prática de esportes, e esse direito só será possível se o sentido de corporeidade estiver presente no ensino desse conhecimento.

Acreditamos ser essa a noção de corporeidade que deve nortear o rumo do trabalho com os alunos da disciplina curricular Educação Física no Ensino Médio, sempre por meio de conhecimentos específicos da área que estão mencionados no **Repertório de atividades** deste livro.

Resta-nos dizer como essa atitude de corporeidade pode ser assumida e como o esporte pode colaborar para isso.

Para sermos humanos, temos que transcender à nossa origem animal. Temos que criar, sonhar, buscar um corpo ágil, belo, estético, moldado pela arte. Podemos caminhar nessas trilhas com o auxílio do esporte por ser ele uma arte de *performance* nos gestos, nos movimentos, na busca da beleza e de qualidades éticas e estéticas.

No esporte, nosso corpo, nossas mãos e nossos pés tentam executar e expressar para fora o que antes foi elaborado por dentro, pela nossa mente, pelo nosso coração, pela nossa razão.

O ser humano só adquire esse *status* quando joga. O esporte é a manifestação cultural dos sentidos de jogar. Jogando, elevamos nossas capacidades e qualidades enquanto corporeidade.

Quando jogamos, é possível identificar, com clareza, o que somos e o que pretendemos ser. Assumimos nossos limites, nossos erros, mesmo querendo transcender e acertar. Como professores de Educação Física, temos o privilégio de levar os alunos a esse conhecimento de esporte e a essa vivência da corporeidade.

SUGESTÃO DE LEITURA

MOREIRA, W. W. (Org.). *Século XXI:* a era do corpo ativo. Campinas: Papirus, 2006.

PARA REFLETIR

Qual o sentido do corpo dos meus alunos durante minhas aulas? Como contribuir para meus alunos vivenciarem suas corporeidades na busca de autonomia?

---

6 O papel do professor como mediador

Após toda essa exposição abordando sobre o direito à educação, à saúde e ao esporte, salientando a importância da aprendizagem dos conhecimentos dessa área e a necessidade da vivência de práticas esportivas, como corpo-sujeito e não como corpo-objeto, falta comentar sobre o papel que tem o professor nas aulas de Educação Física no Ensino Médio. E, ainda, elencar pontos relevantes de sua mediação, para auxiliá-lo na função de educador que atua na área da saúde e que tem como privilégio a possibilidade de ensinar conhecimentos do mundo dos esportes. Para tanto, devemos esclarecer que entendemos a docência nessa área de conhecimento como algo que vai muito além da simples aplicação de exercícios ou de jogos. Considerando a complexidade desse papel, buscamos aqui desvelar exigências no contexto da intervenção que precisam ser mais bem compreendidas.

Se em outras fases do ensino é importante que o professor discuta com seus alunos a definição dos conteúdos a serem tratados nas aulas, no Ensino Médio isso se torna primordial. Sua postura democrática na escolha dos diversos temas que compõem os conteúdos da Educação Física perante as expectativas dos alunos pode promover maior interesse deles pelas aulas, estimulando-os para a prática. É preciso que o professor consiga mediar entre os desejos expressos pelos discentes com os pontos necessários à educação e formação deles. Não é uma simples pergunta – O que vocês querem fazer hoje? – que permitirá que o professor cumpra sua tarefa educacional.

Conseguir estimular a motivação dos alunos torna-se desafiador ao trabalharmos com adolescentes, pois, nessa fase, são muitos os motivos que os afastam do ambiente escolar. A primeira conquista de um professor é aproximar dos interesses dos discentes os conhecimentos a serem trabalhados nas aulas. Ele deve conhecer tão bem seus alunos a ponto de saber intervir nas definições dos conteúdos que serão traçados, trazendo informações essenciais para suas aulas, com amplo significado para os alunos. Agindo com bom-senso, sendo capaz de aceitar mudanças em suas estratégias de ensino, sua intervenção poderá resultar numa ampliação do quadro de novas experiências corporais. A ideia é que as ações do professor possam contribuir para um aumento da adesão dos alunos na participação de suas aulas. E isso não se dá pela imposição autoritária, mas por meio do diálogo.

Como já dissemos, só haverá aprendizagem quando houver significado no que se aprende. Só haverá interesse e participação se as propostas de atividades tiverem significado para os adolescentes. Ao sentirem prazer na prática dessas atividades, os alunos poderão incorporar os conhecimentos revelados nessas aulas e só assim darão importância a eles. A atribuição de significativo valor às aulas de Educação Física é resultado de uma participação mais ativa por parte dos alunos.

Conduzir os alunos a cultivarem o gosto pela prática esportiva e a busca pelo conhecimento sobre o mundo dos esportes é função preponderante do professor dessa área. Mas isso só será possível se ele também demonstrar gosto pelo que faz, envolvendo-se com os alunos nos temas tratados, contagiando-os por meio de novas e diferentes ações pedagógicas. Para que isso se concretize, é necessário identificar aspectos que norteiam o contexto em que os jovens vivem, conhecendo os interesses e as características específicas dessa faixa etária.

O professor representa, no momento de sua aula, o mediador dos conhecimentos ali produzidos, gerados por pesquisas ou debates entre eles, por seminários temáticos ou apresentações presenciais e midiáticas. A estratégia aplicada deve variar de maneira a encontrar a forma mais adequada de levar os alunos à compreensão dos novos conhecimentos. Isso só acontece quando o professor utiliza vários caminhos para atingir o objetivo proposto em aula. As diferentes possibilidades de acesso ao conhecimento que os alunos detêm precisam servir de rotas usadas pelo professor para permitir que todos possam compreender as diversas dimensões do esporte.

Isso significa que, para o professor atender a essas exigências, não basta se graduar. É preciso mais. No universo de uma graduação é possível atingir o domínio de conceitos sobre elementos da cultura esportiva, aprender determinados procedimentos para ensiná-los posteriormente, mas, para sustentar de modo profícuo sua prática pedagógica, o professor deve buscar mais conhecimento numa formação permanente. Só assim poderá resgatar a complexidade existente no exercício da docência em Educação Física. Segundo Rezer e Fensterseifer (2008, p. 321):

> *É preciso considerar que a legitimidade da docência em EF se dá, independentemente do âmbito de intervenção, na medida em que temos o que ensinar, de forma articulada em um contexto específico. Assim sendo, consideramos de extrema importância "reclamar" a responsabilidade do entorno que sustenta um processo de intervenção, como meio de ampliar as próprias possibilidades pedagógicas desse processo.*

Esses autores enfatizam a necessidade de se respeitar o entorno presente em todo e qualquer contexto educacional, explicando que uma intervenção docente não acontece sozinha, pois está envolta em toda uma conjuntura estruturada pelo plano de ensino, que, por sua vez, deve atender aos pressupostos desenhados no projeto pedagógico da escola. Esse projeto, com certeza, respeita os aspectos educacionais presentes na sociedade a que a escola pertence. Assim, podemos dizer que a ação do professor não é unidimensional. O professor deve trazer para o ambiente de sua aula, por meio de um debate, por exemplo, a responsabilização desse entorno. Dessa forma, com uma autonomia relativa, ele também garante que os temas desenvolvidos nas aulas não serão predominantemente os de sua preferência. Já é tempo de acabarmos com aulas de Educação Física que contemplam apenas práticas de modalidades esportivas que o professor sabe ou mais gosta de ensinar.

A preocupação do professor deve estar focada na formação, antecedendo à capacitação de seus alunos. Com o objetivo de primeiro formar cidadãos críticos, criativos, que saibam resolver os problemas e ultrapassar os obstáculos que surgirem à sua frente, suas aulas devem permitir a superação do simples ato de ensinar a jogar uma modalidade esportiva. Deve avançar nesse conhecimento trazendo discussões que possam subsidiar a cultura esportiva do aluno do Ensino Médio, indo além da repetição de simples gestos determinados culturalmente. Se o objetivo é formar um cidadão autônomo, reflexivo, capaz de transformar a realidade em que está inserido, as aulas de Educação Física não podem apresentar apenas momentos de descontração e relaxamento aos alunos dessa fase.

> *Assim, o professor deve contribuir para a aquisição da autonomia do indivíduo, possibilitando que ele seja um agente crítico, interventor e transformador de sua realidade, por meio de um processo de construção conjunta. Para tanto, o professor precisa conhecer e compreender seu aluno, pois, assim, terá condições de participar na vida deles de forma significativa; mais do que isso, deve atentar-se aos sinais emitidos pelo próprio corpo do aluno, incluindo seus gestos, emoções e postura* (Moreira; Pereira; Lopes, 2009, p. 183).

Um aluno do Ensino Médio, conhecendo mais sobre as diferentes dimensões esportivas e adquirindo autonomia, deve ser capaz de identificar tipos de exercícios físicos sistematizados que lhe deem prazer, para que possa praticar por muito tempo. Pautando-se no reconhecimento da importância de aquisição de um hábito de vida saudável, adolescentes devem terminar esse nível de ensino sabendo "por que" e "para que" devem praticar esporte. A escolha que o educando faz sobre o estilo de vida na fase adulta tem muito a ver com seus conhecimentos sobre as questões de saúde e esporte adquiridos desde a adolescência. Esses conhecimentos podem ser amplamente desenvolvidos na última etapa do Ensino Básico, mas dependem da aquisição de autonomia conquistada e das experiências esportivas vividas pelos alunos.

O professor deve proporcionar vivências dos diversos temas do esporte, ampliando assim, o contato dos alunos com diferentes manifestações corporais. Mesmo aquelas atividades que não forem possíveis de serem vivenciadas precisam ser conhecidas por todos, por meio de outras estratégias, como apresentações de praticantes da modalidade, vídeos, reportagens e outros meios que possam fomentar o conhecimento dos alunos.

Não podemos deixar de apontar que atualmente os professores de Educação Física, principalmente aqueles que atuam no Ensino Médio, vêm sofrendo uma perda de controle do seu trabalho, gerando certa desmotivação em face da impotência docente diante das situações como: alunos sem compromisso com a aprendizagem; infraestrutura inadequada para a prática esportiva; baixos salários; diminuição do tempo para estudar em face do excesso de trabalho; incitações de pais e outros professores na escola para que o foco dos alunos esteja unicamente voltado para o exame do vestibular. Todos esses fatos são perdas significativas na profissão docente. Assim, o esforço de ser professor necessita ser amparado por necessidades pedagógicas, arregimentando mais conhecimentos que se traduzam em processos de intervenção adequados para cada situação. Meios que facilitem a sua aproximação da linguagem adotada pelos seus alunos.

É importante que o professor, como educador do esporte e da saúde, possa ampliar sua compreensão sobre os problemas cotidianos que precisa enfrentar, buscando atingir o domínio de certos conceitos dos elementos que podem ser vivenciados pelos alunos. Além disso, ser capaz de criar, diante da situação, caminhos alternativos em sua prática pedagógica, pautados na possibilidade de ganhar maior autonomia. Sem buscar "cursinhos rápidos" que ensinam modelos padronizados de práticas de esporte, ou, ainda, em receituários de exercícios, o professor pode encontrar nas suas próprias reflexões saídas mais plausíveis para seus problemas, percebendo-se no ato de pensar sua própria capacidade de produzir conhecimento.

Podemos auxiliar a prática docente apresentando diretrizes que indicam um caminhar, mas não podemos escolher os caminhos para os professores trilharem. Apontar objetivos, conteúdos, estratégias metodológicas para serem desenvolvidos torna-se difícil por conta dos contextos diferenciados que cada um vive, o entorno que permeia as aulas de Educação Física em cada escola.

Partindo-se do pressuposto que todos esses aspectos devam estar de acordo com as necessidades de cada ambiente escolar, nosso objetivo é auxiliar o professor sugerindo propostas que podem ou não ser viáveis para sua atuação. Este livro traz um repertório de atividades voltadas para as aulas de Educação Física a serem trabalhadas no Ensino Médio.

Vale destacar ainda que há necessidade de o professor adaptar essas sugestões à sua própria realidade escolar. Ele deve interpretar as propostas puramente como ideias que podem ser ressignificadas, e, para tanto, temos que refletir sobre aspectos que permeiam a elaboração de um Programa de Educação Física específico para o Ensino Médio.

SUGESTÕES DE LEITURA

LIBÂNEO, J. C. *Didática*. São Paulo: Cortez, 1994.

VELARDI, M.; TOLEDO, E.; NISTA-PICCOLO, V. L. Como ensinar esses conteúdos nas aulas de Educação Física? In: MOREIRA, E.; NISTA-PICCOLO, V. L. (Orgs.). *O quê e como ensinar Educação Física na escola*. Jundiaí: Fontoura, 2009.

PARA REFLETIR

Como ser mediador do conhecimento aos meus alunos? Será que eles têm a visão de esporte como fenômeno sociocultural?

7 Um programa de Educação Física para o Ensino Médio estruturado no fenômeno esportivo

Ao considerarmos a tradicional disciplina Educação Física existente no currículo escolar como um componente curricular que integra a formação dos jovens, atribuímos a ela o *status* de uma área de conhecimento que contém saberes culturais esportivos, os quais devam ser transmitidos sem delineamentos rígidos e limitados. É uma área que produz conhecimento que se renova constantemente a partir dos estudos gerados na Ciência do Esporte. Conhecimentos que se formam numa teia de múltiplas relações, produzida por diferentes dimensões, como a social, política, ética, econômica e humana.

A Educação Física como componente curricular apresenta saberes fundamentados nessa teia culturalmente formada que integra as várias facetas do universo do esporte. Por essa razão, esses saberes não podem se transformar num programa de característica linear, de sequencialidade determinada, fechado e definido, pois, a todo momento, novos significados do mundo esportivo vão sendo estabelecidos nessa rede, tecida pela ação e interação dos seus integrantes.

Quando pensamos na formação dos jovens que frequentam o Ensino Médio, sabemos que não é suficiente transmitir dados, informações descontextualizadas, ou mesmo simplesmente jogar bola, pois formar é conceber, preparar e educar, o que implica dar-lhes condições para compreenderem o ser humano praticando esporte, mas, na sua totalidade e na sua historicidade, inserido numa sociedade e percebido sem fragmentações.

Com isso queremos dizer que, assim como qualquer outra disciplina, o conhecimento expresso pela Educação Física não pode se apresentar de forma dicotômica, provocando divisões inequívocas de teoria/prática. É preciso trabalhar com propostas pedagógicas que adotem a ideia de ser humano num contexto da complexidade.

Neira e Nunes (2009, p. 230) buscam apoio em Doll para esclarecer sobre a preparação pedagógica de um currículo em Educação Física, apontando que:

> *Contando com a riqueza de possibilidades provenientes dos alunos e do professor mediante as relações que se estabelecem na sala de aula, com base nas ações práticas propostas e vivenciadas, Doll propõe que objetivos, planos e propósitos do currículo sejam escritos de modo bem geral, antes do início de sua implantação, dada a dinâmica de auto-organização do sistema complexo (aula, alunos, materiais...), para que, posteriormente, os caminhos se enriqueçam de infinitas maneiras.*

Ao pensar em um Programa de Educação Física, temos que considerar o contexto em que ele está inserido, respeitando o seu entorno e permitindo que o global possa ser percebido e interpretado como multidimensional.

Segundo Moreira e Nista-Piccolo (2010, p. 78),

> *[...] a multidimensionalidade está presente nas unidades complexas, como o ser humano ou a sociedade. É por essa razão que o ser humano é ao mesmo tempo biológico, psíquico, social, afetivo e racional. Já a sociedade comporta dimensões histórica, econômica, sociológica, entre outras.*

Para Neira e Nunes (2009), escolher os elementos de um currículo com certo grau de riqueza depende dos acertos entre alunos e professores a partir dos contextos históricos que vivem, dos mitos existentes e das manifestações culturais. Segundo esses autores, a riqueza do currículo diz respeito à diversidade das propostas vivenciadas, às variações de estratégias experimentadas nas buscas de soluções aos problemas enfrentados, nos questionamentos levantados, na formulação de novas ideias e nas quebras dos tabus existentes. Só que todas as experiências vividas pelos alunos vão ampliar a rede de relações, potencializando novas organizações e combinações do pensamento e de suas atitudes se todo esse processo puder ser refletido por eles. Ou seja, de nada adianta enriquecer as vivências se não houver reflexão sobre elas. É como se precisássemos disso para incorporar o conhecimento aprendido.

As propostas podem ser previstas, mas devem possuir uma característica de flexibilidade, pois, à medida que toda a comunidade de alunos investiga o tema escolhido, novos caminhos podem se abrir, novas relações são realizadas aflorando outros conceitos, enriquecendo ainda mais o conhecimento por meio de novas propostas. Nós, professores, devemos estar preparados para as transformações sofridas nos conteúdos disseminados a partir da instauração de incertezas, das indagações nascidas pelas dúvidas sobre os saberes acumulados que são apresentados e contestados, prontos para serem ressignificados. Se o que ensinamos são conhecimentos fornecidos pela cultura esportiva e se toda cultura é dinâmica, esses conteúdos precisam sempre ser renovados, e isso se dá a partir das novas interpretações que deles fazemos.

Neira e Nunes (2009, p. 232-233) nos ajudam a compreender isso, complementando que:

> *Isso significa dizer que a cultura não é um objeto passivo de recebimento e transmissão, que as manifestações culturais não são objetos de mera contemplação, assimilação e consumo. A cultura, suas diversas manifestações e seus sentidos produzidos e recebidos, por serem dinâmicos e submetidos ao caráter indeterminado de produção de significados da atividade linguística, são sempre novas atividades de significação. A realidade, ou melhor, o processo de significação, continuamente se defronta com a tensão entre as relações de poder que tentam fixá-lo e naturalizá-lo, característica de todo projeto multiculturalista conservador e assimilacionista, e sua tendência ao deslizamento, resistência em ser aprisionado, fechado, definido.*

Vale relembrar que um Programa de Educação Física escolar voltado para o nível de Ensino Médio deve ser elaborado em parceria com os alunos, pois só tem significado se for ao encontro das expectativas e necessidades deles. No programa deverá constar o planejamento de todas as aulas, com seus respectivos conteúdos desenhados de acordo com o contexto em que a escola está inserida. É papel do professor de Educação Física identificar o que os alunos não sabem sobre o mundo dos esportes, pois, assim, poderá criar novas oportunidades de aprendizagem de todas as dimensões que o esporte apresenta. Dar aos alunos chances de conhecerem um pouco mais sobre o funcionamento e as reações orgânicas ao exercício dos seus próprios corpos poderá induzi-los ao desenvolvimento de hábitos saudáveis em relação à prática do exercício físico sistematizado. Esses são aspectos básicos e primordiais para o bom desenvolvimento de aulas de Educação Física voltadas para adolescentes, mas vale o alerta dos autores:

> *Daí convém alertar que uma proposta de Educação Física que tenciona a formação dos seus sujeitos para promoção e luta pela equidade social e que, por isso, recorre ao diálogo, decisão e atuação fundadas na responsabilidade individual e coletiva, caminha por trilhas incertas* (Neira; Nunes, 2009, p. 233).

Muitos planejamentos de ensino elaborados apenas por professores de Educação Física mostram a imposição deles sobre o conhecimento a ser disseminado em suas aulas, negligenciando aspectos culturais presentes na origem dos próprios alunos, permitindo, com isso, certa desvalorização da identidade cultural deles. Lembremos o que outro autor nos diz sobre isso:

> *Uma primeira afirmação que soa como óbvia, depois das considerações feitas, é que a Educação Física escolar deve partir do acervo cultural dos alunos. Porque os movimentos corporais que os alunos possuem extrapolam a influência da escola, são culturais e têm significados. O professor não deve encará-los como movimentos errados, não técnicos e tentar eliminá-los. O professor pode ampliar o acervo motor dos alunos proporcionando assim uma aquisição cultural maior por parte deles. Um exemplo disso ocorre quando o professor de Educação Física numa escola de periferia tenta ensinar a parada de mãos e desconsidera que os alunos, em grande maioria, sabem "plantar bananeiras". Uma técnica não é melhor que a outra. Aliás, são muito parecidas. Uma faz parte de um conhecimento sistematizado de uma prática esportiva e outra faz parte de um conhecimento cultural popular* (Daolio, 1995, p. 54).

Promover práticas diferenciadas não é tão simples e fácil, pois requer investigações sobre o tema e cuidados por parte do professor sobre o significado daquele assunto para os seus alunos. É possível deflagrarmos vários planos de ensino que demonstram fragilidades quando contemplam práticas corporais tidas como alternativas e diferentes das mais comuns, imaginando-se algo novo e atual, mas que são tratados de forma descontextualizada, sem nenhuma reflexão sobre essas práticas. É muito bom inovar, mas as experiências vividas em aulas precisam ser analisadas profundamente, ter as suas razões interpretadas e principalmente detectados os sentidos de suas produções culturais (Neira; Nunes, 2009).

O projeto pedagógico da escola deve apontar os princípios educacionais que vão sustentar as metas definidas para cada nível de ensino. O planejamento das aulas de Educação Física desenhado pelo professor deverá estar coerente com esses princípios e caminhar transdisciplinarmente aos planos das outras disciplinas.

Os pontos que permeiam a elaboração de um Programa de Educação Física contemplam diversos fatores didáticos, os quais precisam ser refletidos com outros professores que atuam no Ensino Médio e os alunos, antes de serem aplicados como práticas docentes. São aspectos que implicam tanto na escolha dos conteúdos e dos métodos a serem desenvolvidos como na definição das metas propostas e que dependem do conhecimento que o professor tem sobre as características específicas dos adolescentes e do que eles já sabem.

A prática da Educação Física na escola caracteriza-se como um componente curricular permeado pelos "saberes" de diferentes dimensões do conhecimento, pelos "valores" presentes no mundo que envolve o esporte e pelas "atitudes" expressas pelos atores que fazem parte do universo esportivo. Todos esses aspectos integram o processo de formação dos educandos. No Ensino Médio, o espaço reservado para essas aulas sofre diminuição de valor em função de uma lógica conteudista, preocupada com exames vestibulares, pois é o momento do adestramento para as definições profissionais.

> *O Ensino Médio é a última etapa da Educação Básica, mas não tem função propedêutica (ou pelo menos não deveria ter!). Ou seja, não tem a intenção de garantir a formação para o mercado de trabalho, pois não é profissionalizante e nem, tampouco, prepara o educando, exclusivamente, para o vestibular. No entanto, a sociedade entende que a criança deve passar pela Educação Infantil e Ensino Fundamental para adquirir informações e conhecimentos para que, então, no Ensino Médio o foco seja a preparação para a inserção no Ensino Superior, via processo de seleção, denominado "vestibular"* (Moreira; Pereira; Lopes, 2009, p. 178).

Após termos mostrado o esporte como uma conquista de direito do ser humano, e salientarmos sua importância social e a necessidade de sua prática, perguntamos: Quais deveriam ser os objetivos das aulas de Educação Física no Ensino Médio? O que pretendemos que os adolescentes aprendam sobre o universo esportivo?

Ensinar, para quê?

A determinação dos objetivos é um dos primeiros pontos de reflexão das tarefas docentes, pois, muitas vezes, além de os alunos não terem clareza das metas a serem atingidas com a aula, nem o professor sabe o que pretende alcançar com certas propostas. Ao propor um jogo, é preciso identificar a finalidade dessa proposta, ou seja: onde se quer chegar desenvolvendo determinado conteúdo por meio desse jogo, tema que escolheu como caminho do processo de ensino.

Estabelecer metas claras e objetivas para cada aula pode auxiliar os professores na avaliação da aprendizagem dos alunos. Os objetivos amplos e gerais servem para nortear o caminhar docente, mas os específicos facilitam a elaboração das propostas. É interessante que o professor comece respondendo à simples pergunta: O que eu quero que meus alunos aprendam nesta aula de hoje?

Com objetivos simples e específicos para cada tema a ser desenvolvido em aula, o professor consegue observar melhor o desempenho de cada aluno, intervindo nos momentos cruciais das relações interpessoais que acontecem nas aulas.

Estabelecer objetivos mais amplos, como "conscientizar os alunos da importância da prática de atividade física", permite delinear as propostas que possam levar os alunos a atingir essa meta. Há também outros objetivos gerais que são relacionados às dimensões do comportamento humano, como "aprender a respeitar os colegas". Mas o mais importante é que não se pode deixar de ter objetivos da própria área de conhecimento, voltados ao conhecimento específico da Educação Física. Dessa forma, é preciso que o professor determine objetivos em seu programa de acordo com a sua clientela de alunos, que no caso do Ensino Médio pode ser, por exemplo: "Identificar as diferentes respostas do corpo na execução dos exercícios de ginástica localizada". Em cada aula, metas serão alcançadas por meio dos exercícios, das discussões, dos textos que embasam o tema proposto.

Os meios usados para atingir o objetivo da aula podem ser vários, mas, quando adequados à clientela, certamente serão eficientes para levar os alunos à compreensão do conhecimento vivenciado.

Depois de saber onde queremos que nossos alunos cheguem com nossas aulas, é o momento de elencarmos os conteúdos possíveis de serem desenvolvidos e ainda de estabelecermos como fazer com os saberes que são necessários.

Vários artigos apresentam resultados de pesquisas com alunos do Ensino Médio. Alguns apontam que há, por parte deles, muita reclamação pelas excessivas repetições de conteúdos nas aulas de Educação Física. Outros declaram que essa é a disciplina que mais gostam, mas não sabem identificar os conhecimentos aprendidos nela. A maioria dos professores se pauta na premissa de que no Ensino Médio o mais importante é permitir que os alunos pratiquem o jogo de diferentes modalidades esportivas e coletivas, principalmente aquelas consideradas mais comuns, como o voleibol, o futsal, o handebol e o basquetebol. As aulas se transformam unicamente em momentos de disputas de jogos, em busca do aperfeiçoamento técnico de habilidades esportivas (Celante, 2000). Isso provoca o abandono de muitos alunos pela falta de interesse em simplesmente jogar por jogar, gerando desmotivação naqueles que não gostam de praticar sempre as mesmas modalidades esportivas.

Será que os professores têm conhecimento da enorme quantidade de conteúdos que podem ser desenvolvidos para essa faixa etária? Como transformar os saberes dessa área em conhecimentos importantes para os adolescentes?

O que ensinar?

É oportuno lembrar que um repertório de atividades não deve servir de modelo se o professor não estiver preparado para fazer as alterações adequando as propostas à sua realidade. Compreendemos "conteúdo" a partir da visão de Cesar Coll[1], um pesquisador espanhol que o conceitua por meio de uma classificação, possibilitando-nos atingir melhor compreensão sobre isso. Segundo esse estudioso, para selecionarmos os conteúdos, precisamos saber quais conteúdos devem ser levados em conta para que nosso aluno consiga obter as capacidades que foram determinadas nos objetivos que traçamos. Esse autor declara que os conteúdos devem ser organizados em fatos, conceitos e princípios, procedimentos, valores, normas e atitudes. Assim, concordamos com Coll, salientando que os conteúdos selecionados em conjunto devem ser trabalhados nas dimensões: conceitual, factual, procedimental e atitudinal. Mas todos os temas escolhidos para trabalhar determinado conteúdo precisam ser contextualizados e ressignificados pelos alunos. Sobre isso, convém lembrar:

[1] COLL, C. *et al. Os conteúdos na reforma:* ensino e aprendizagem de conceitos, procedimentos e atitudes. Porto Alegre: Artmed, 2000.

> *Geralmente, quando comentamos com professores de Educação Física sobre a aprendizagem de*

conteúdos factuais e conceituais (gerais ou individuais), a maioria deles associa com aulas expositivas ou debates. Sem dúvida, este é um recurso (estratégia) muito utilizado, em dias muito quentes quando as aulas acontecem em quadras abertas, ou ainda nos dias de chuva. Mas queremos ressaltar que esses conteúdos não são "tapa-buracos" para acontecimentos esporádicos ocorridos em aula, como os mencionados. Eles têm uma importância fundamental na área e devem estar contextualizados, de maneira lógica e pedagógica, como parte de um programa de ensino da disciplina. Há muitas outras estratégias possíveis para o desenvolvimento destes conteúdos, como um possível levantamento elaborado pelos próprios alunos, com base em referenciais teóricos e nas vivências da própria comunidade; o desenvolvimento de trabalhos feitos em grupo, extraclasse; as reflexões sobre estes conteúdos realizadas em alguns momentos da aula, relacionadas a alguma atividade ou jogo (origem do jogo, regras oficiais e regras debatidas pelos alunos a serem modificadas no contexto escolar), que podem ser no início da aula ao se expor sobre o tema da mesma; exposições de fotos e vídeos em eventos (como as Feiras ou Escola Aberta aos pais num final de semana especial); roteiros de estudo para provas "teóricas" em Educação Física, e muitas outras possibilidades de intervenção (Toledo; Velardi; Nista-Piccolo, 2009, p. 43-44).

Em toda nossa trajetória profissional, temos visto inúmeros professores de Educação Física nomearem como conteúdos, equivocadamente, aquilo que representam os temas de nossa área. Sem se darem conta de que estão abordando temáticas, declaram trabalhar como conteúdos em suas aulas a ginástica, as lutas, a dança, o voleibol etc. Na verdade, estão se referindo ao tema escolhido para desenvolver certo conteúdo.

Se entendemos conteúdo como um conjunto de conhecimentos, habilidades, valores e atitudes que contemplam conceitos, fatos, ideias, princípios, regras, hábitos que retratem ações humanas construindo convicções e servindo de objetos dos processos de ensino (Libâneo, 1994), podemos deduzir que "os elementos que compõem os temas" ginástica, lutas, modalidades esportivas e outros representam os conteúdos em nossa área de conhecimento.

> *O material, e o conhecimento que a ele se vincula (outros conhecimentos, questionamentos do professor e dos alunos etc.), devem instigar os alunos ao desenvolvimento deste conteúdo. O material selecionado deve ser condizente com a faixa etária do aluno, desta forma, à sua capacidade de memorizar e usufruir, posteriormente, o que foi memorizado, para futuras associações. O material também pode ser selecionado pelo próprio aluno* (Toledo; Velardi; Nista-Piccolo, 2009, p. 42).

Definir como procedimento determinado conteúdo parece ser o mais simples para a Educação Física, pois declara um instrumento, um meio, um processo usado em determinada ação.

> *O procedimento, considerado como conteúdo, auxilia a compreender o que compõe o conhecimento estudado, como a abordagem de suas*

> *características e como elas se manifestam e se articulam na práxis deste conhecimento. Desta forma, possui um papel facilitador, tanto no ensino como na aprendizagem deste conhecimento, pois faz parte dele, não é exterior a ele, como seria uma estratégia metodológica. Se tomarmos como exemplo de um conteúdo factual e conceitual da Educação Física o "passe" ou o "arremessar" nos esportes coletivos, podemos dizer que os conteúdos procedimentais são aqueles relacionados às formas predeterminadas com as quais estes arremessos se tornam possíveis de serem executados, de uma maneira tecnicamente ideal* (Toledo; Velardi; Nista--Piccolo, 2009, p. 46).

Portanto, o procedimento específico de um determinado conteúdo é a sua própria prática, referindo-se à sua lógica interna para atingir a aprendizagem; são os passos adotados que vão permitir aos alunos conseguirem executar esse gesto. A mediação do professor se dá em perceber os melhores caminhos, em forma de "exercícios educativos", que podem auxiliar cada aluno a alcançar um resultado positivo. É preciso lembrar que as manifestações corporais dos indivíduos se mostram diferenciadas, portanto, muitas vezes, o exercício elaborado para um aluno pode não servir a outro, pois cada um aprende mais facilmente por determinada rota.

O próprio autor que nos inspira, Cesar Coll, declara que um conteúdo procedimental pode ser denominado de técnica ou estratégia, pois são consideradas como características do procedimento.

É importante ressaltar que as escolhas dos conteúdos em suas dimensões não podem se traduzir como forma de controlar ou dominar os alunos na medida em que buscamos adequar os processos de ensino, pois esses conteúdos devem ser ensinados a partir de uma construção conjunta que vai se ampliando aos poucos. Há uma perspectiva dialética que permeia esse momento de aprendizagem, propiciando descobertas por meio das próprias reflexões dos alunos. Podemos dizer que a produção do conhecimento acontece nas relações que são tecidas por diferentes visões de um mesmo fenômeno.

Desde o começo deste livro apontamos o fenômeno esporte como a manifestação cultural que se traduz como o conhecimento da área da Educação Física na escola, e aqui, especificamente, para os alunos do Ensino Médio. O que defendemos desde o início é que os conteúdos a serem desenvolvidos nessas aulas possam trazer o conhecimento e a prática do esporte aos discentes, como direitos inalienáveis do ser humano, conforme explicitado anteriormente. Pensando o esporte numa visão mais ampla do que comumente é conceituado, temos uma enorme gama de temáticas nas diversas facetas desse fenômeno universal, que pode ser trabalhada para dotar nossos alunos de autonomia. O que não podemos é abrir mão desse importante e significativo conhecimento, que a nós pertence, para desenvolver nosso Programa de Educação Física.

Alunos do Ensino Médio, conhecendo e praticando esporte, poderão reconhecer princípios éticos vivenciando as regras estabelecidas para melhor convivência entre eles, adquirindo hábitos saudáveis para toda sua vida, e ainda desfrutar de valores educacionais, razão maior de nossa atuação profissional.

Por meio dos conteúdos atitudinais, podemos auxiliar nossos alunos na compreensão de seus valores ou suas crenças, e pelas atitudes deflagradas durante as práticas esportivas podem ser refletidos, repensados e reorganizados. Manifestações relacionadas à maturidade que eles apresentam determinam o componente cognitivo das atitudes e o professor precisa estar atento a isso para não exigir respostas que os alunos ainda não estejam aptos a dar. Manifestações afetivas, de carinho e de atenção, geram relações de confiança e estão presentes em muitos momentos da prática esportiva. Quando o aluno percebe o interesse do professor por ele e por suas expressões, sejam de dificuldades, preocupações, desinteresses, ou ainda de ansiedade e medo, demonstrando disponibilidade para ajudá-lo, suas atitudes passam a demonstrar uma disposição mais positiva diante das situações. As manifestações de conduta estão relacionadas com o seu reconhecimento das normas existentes, o seu juízo de valor e suas próprias avaliações. Assim, preocupar-se com a formação e mudança de atitude dos alunos tem a ver com os valores, as normas e os juízos. Mas é importante esclarecer uma questão que sempre traz confusão aos professores:

> *A aprendizagem das atitudes não se caracteriza por um ato ou ação, mas sim por um processo que se dá na interação existente entre os alunos com o professor e com o ambiente, com seus fatores internos e externos, e não isoladamente.*

> *O tipo de aprendizagem que parece ser mais eficiente e significativo para o aluno é a socialização* (Toledo; Velardi; Nista-Piccolo, 2009, p. 57).

Também podemos citar a observação e a imitação de modelos como aprendizagens que se dão nas aulas, e isso pode acontecer por meio de experiências diretas, do próprio aluno, ou imitando exemplos observados, reproduzindo atitudes que ele considera mais adequadas naquele momento.

> *A observação ou imitação de modelos não se restringe apenas às formas e técnicas dos elementos que constituem os conhecimentos da Educação Física, mas também às atitudes do professor e de outros alunos com relação ao ensino e à prática dos mesmos. Os alunos podem ter como modelo um professor que: respeita os limites individuais; preocupa-se com a segurança; estimula a participação de todos; valoriza as conquistas individuais; transmite confiança e alegria ao tratar de sua área de ensino. Ou podem ter como modelo um aluno que: preocupa-se em ajudar o outro; respeita o professor; é persistente na tentativa de dominar algum conteúdo; é ousado em vivenciar situações mais complexas ou de risco; é crítico e criativo, e outros. Precisamos enfatizar que não há uma padronização das condutas e dos valores dos indivíduos, pois cada um tem uma formação segundo sua realidade econômica, social, cultural e seu contexto familiar* (Toledo; Velardi; Nista--Piccolo, 2009, p. 59-60).

Vale a pena lembrar que as manifestações dos alunos se diferem diante de uma mesma situação: enquanto alguns podem ser agressivos, outros podem ficar sem ação diante de determinado fato. Expressam sensações e percepções de forma diferente, sejam elas de afeição ou mesmo de aversão.

O que os professores ensinam nas aulas de Educação Física refere-se à sua capacidade, depende dos princípios filosóficos determinados pela escola, dos objetivos educacionais propostos, da dinâmica escolar e da sociedade em que está inserida. E, mais do que isso, depende também de "como" o professor conduz sua aula, de "como" desenvolve os conteúdos, de "como" atua diante dos seus alunos.

Como ensinar?

Apresentar um método de ensino não quer dizer dar uma receita pronta como se fosse a única verdade, a forma mais eficiente de se ensinar. Significa revelarmos nossas experiências vividas na prática profissional, as quais, depois de refletidas, se transformaram em uma construção de caminhos consolidados por teorias fundamentais e vivências de aplicação do método. Isso não quer dizer que os procedimentos metodológicos aqui apresentados não devam ser refletidos e até reconstruídos pelos leitores.

O termo "método" é formado pelas palavras "meta + ode", que significam caminho que leva a um fim. Assim, método se refere à maneira como os conteúdos serão desenvolvidos nas aulas, sempre pensando em atingir os objetivos traçados.

O método que trazemos foi estruturado na prática e, depois de reflexões, encontramos aspectos que poderiam ser sustentados teoricamente pelos estudos de Vygotsky.

> *Foi com esse mesmo olhar que conseguimos encontrar em Vygotsky um suporte para aquilo que, empiricamente, estava sendo descoberto. Com as primeiras análises sobre as teorias de Vygotsky foi possível perceber que elas podiam amparar reflexões sobre essa proposta metodológica. É importante ressaltar que não houve pretensão de torná-la "vygotskyana", já que sua criação deu-se junto às experiências vividas. Buscamos nos estudos de Vygotsky, referenciais que permeassem a prática, estabelecendo uma relação dialética entre o vivido e as teorias em questão* (Velardi; Toledo; Nista-Piccolo, 2009, p. 67).

Ainda hoje encontramos muitos professores que não se preocupam com a aprendizagem dos seus alunos. Apenas cumprem parte de suas missões, ensinando, sem saber se seus alunos entenderam ou não o que foi informado. É preciso saber qual a rota de acesso ao conhecimento dos alunos, ou seja, os caminhos facilitadores de sua compreensão. Isso, de certo modo, exige muita criatividade do professor, fazendo dele um verdadeiro pesquisador dos seus próprios alunos.

> *Há atualmente muitas atividades que conseguem acessar os alunos, levando-os a relacionar o conhecimento já adquirido com novas possibilidades. Mas isso poucos professores conseguem fazê-lo. Não há mágica, não há regras, não há caminhos determinados. É preciso*

> *ser criativo, buscar diferentes vias de acesso, conseguindo entrar por diferentes rotas. E isso tudo porque nossos alunos não são iguais e, portanto, não aprendem da mesma forma. Então, professores devem ser verdadeiros pesquisadores de alunos. Tentar compreender suas rotas de acesso para poder acessá-las e assim levar o conhecimento da maneira exata que seu aluno consegue aprender* (Nista-Piccolo, 2001, p. 1).

Para um professor conseguir que seus alunos aprendam determinado conteúdo, ele não pode simplesmente ensinar sem se preocupar com os instrumentos de ação pedagógica que utilizará. Esse é o ponto de partida, ou seja, focarmos no aluno, nas suas necessidades para aprender.

Nossa proposta metodológica se divide em três momentos mesclados entre si, como partes integradas de uma mesma aula. A princípio, não há um tempo determinado para cada momento, pois o que prevalece é a necessidade apresentada pelos alunos. Muitas vezes, determinado conteúdo pode exigir um tempo maior de um dos momentos em relação aos outros.

Não podemos nos esquecer de salientar a importância que tem para a aprendizagem o ambiente onde a prática esportiva será desenvolvida, pois, várias vezes, é ele o responsável pela mediação do conhecimento. As questões do espaço e dos materiais usados têm, sim, muita influência na aprendizagem dos alunos.

Os meios ou caminhos usados para ensinar devem proporcionar aos alunos a possibilidade de eles compreenderem a ação que será realizada e o que precisam fazer para executá-la. Identificar o que falta para eles conseguirem ou o que precisam modificar em suas ações são detalhes imprescindíveis para os alunos obterem sucesso em suas práticas esportivas. Assim, aprenderão como fazer e por que devem fazer dessa forma e não de outra.

As aulas devem ser desenvolvidas sempre por meio de desafios, de situações-problema, para que os alunos possam buscar as soluções. Nelas são combinadas o potencial dos alunos com a mediação do professor e dependem muito das estratégias usadas para facilitar ou dificultar as ações discentes. Isso é o que compõe o ambiente pedagógico que proporciona aprendizagem, ou seja, não basta uma simples quadra e uma bola para dar aula de Educação Física.

Conforme explicamos, nossa proposta metodológica está classificada em três momentos:

> *Num primeiro momento, as crianças tomam contato com o tema que será desenvolvido naquela aula, sem contudo receber nenhuma proposta dirigida; é o tempo da exploração dos possíveis movimentos que a criança é capaz de criar e executar. Na maioria das vezes, as ideias surgem das próprias brincadeiras das crianças com o tema ou o material que está sendo trabalhado. Esse é o momento em que o professor não interfere, apenas estimula a ação perguntando o que é possível fazer, outras maneiras de fazer, observando sempre seus alunos* (Nista-Piccolo, 1995, p. 117).

Esse é o momento que, de acordo com o conteúdo desenvolvido, pode ser o mais importante da aula, pois nos mostra o que o aluno sabe fazer e o que ainda precisa conquistar. Percebemos, muitas vezes, que os professores se adiantam querendo ensinar antes mesmo que seus alunos experimentem determinados movimentos. Certa vez, numa aula para alunos do Ensino Médio com o tema "circo", foi interessante observarmos a motivação deles em aprender o que não sabiam fazer, mas, ao mesmo tempo, como queriam que déssemos tudo pronto, sem que precisassem descobrir como fazer. Os alunos estavam habituados ao modelo de aprendizagem em que alguém ensina como se faz e eles repetem.

> *O momento inicial (primeiro momento) é determinante para que o aluno se integre à atividade, e para que o professor observe seus potenciais de execução, suas experiências anteriores em relação ao conteúdo proposto, observando e refletindo sobre quais informações ou intervenções serão mais adequadas aos alunos ou grupo. Não devemos simplesmente utilizar o primeiro momento como uma situação que permite ao professor envolver-se em outra tarefa, enquanto os alunos fazem o que querem* (Velardi; Toledo; Nista-Piccolo, 2009, p. 74).

A exploração dos materiais ou de novos movimentos corporais sem que o professor apresente "como fazer", primeiro de forma individual e depois experimentada com os colegas, traz aos alunos possibilidades de compreenderem o que são capazes de fazer, não para que comparem desempenhos, mas para que entendam o que falta, o que muda, qual a técnica a ser seguida, como é possível ajudar o outro a conseguir, identificando cada resultado alcançado por eles. Desse momento depende toda a sequência da aula.

> *Num segundo momento, as propostas são transmitidas por meio de pistas para que as crianças criem alternativas de trabalho, solucionem os problemas apresentados para a realização da tarefa, individualmente e em grupo; não há nessa fase direcionamento da atividade em si, apenas um direcionamento da proposta da atividade; é dizer "o quê" sem determinar "como"* (Nista-Piccolo, 1995, p. 117).

Dados os problemas, é o momento de os alunos buscarem as soluções para eles, que podem ser muitas, ou até mesmo encontrarem a mesma resposta atravessando diferentes caminhos. É o momento das reflexões, das trocas de informações entre eles, da formação dos conceitos a serem adquiridos.

Os alunos associam o que já sabiam com o que exploraram no momento anterior, somando conhecimentos dos colegas para atingirem as soluções. Isso significa que novos potenciais foram despertados. A mediação do professor nesse momento se faz imprescindível não para esclarecer se está certo ou errado, mas para dar alguma pista que possa conduzi-los ao sucesso. E dar a pista correta não é tão fácil, mas, ao perceber que a dica fornecida aos alunos não deu certo, o professor deve ser capaz de mudá-la.

> *Tomando como exemplo as modalidades de esporte coletivo, poderíamos considerar a elaboração de táticas de jogo: em grupos, como fazer para*

escapar desta ou daquela marcação, como criar outra forma de ataque; que tipo de arremesso, passe ou saque são mais eficientes. O que foi aprendido é uma etapa que já foi superada. Neste momento, o maior número de pistas sobre os conteúdos propostos (que não nega o efetivado, mas aplica-o e o modifica) fornece subsídios para ações mais complexas. O fornecimento de informações deve ser suficiente para que os alunos sejam capazes de avançar na "reconstrução" dos conteúdos sobre o qual estão trabalhando. A mediação do professor nesse caso é crucial. Colocando dicas e outras perguntas acerca das hipóteses dos alunos, eles terão oportunidade para revelar seus pontos de vista, oportunidades para formular novas respostas (Velardi; Toledo; Nista-Piccolo, 2009, p. 81-82).

Percebemos nos jovens uma tendência ao imediatismo, sempre querendo conseguir executar da forma mais perfeita. E, relacionando à prática esportiva, eles trazem o modelo que a mídia apresenta e imaginam que vão conseguir executar como os atletas de alto nível, chegando até mesmo a se frustrarem com a falta de sucesso. É por essa razão que o segundo momento da aula se mostra tão significativo para o desenvolvimento do conteúdo. Mas deve ser permeado de reflexões e de organização do pensamento.

Muitos caminhos podem ser trilhados pela mesma "pista". Capazes de refletir e se envolver com cada uma delas, os alunos podem sentir curiosidade por averiguar o que ainda lhes é desconhecido. Neste momento, a neutralidade do professor em relação ao posicionamento

> *dos alunos tende a estimulá-los para argumentações, explicações e interpretações de suas realizações* (Velardi; Toledo; Nista-Piccolo, 2009, p. 82).

Por essa razão, a intervenção do professor muitas vezes não é tão eficaz quanto a ajuda de um colega, sistematizando-se num outro tipo de mediação, quando o professor promove situações de relação entre alunos e entre os grupos de alunos.

> *No terceiro momento todas as atividades que deixaram de ser contempladas nos dois primeiros momentos são agora propiciadas de forma adequada às características da faixa etária que está sendo trabalhada; eu conduzo meus alunos a executarem as propostas, sem perder a perspectiva lúdica. Atividades que considero de extrema importância para alcançar os objetivos pretendidos naquela aula devem fazer parte desse momento, que finaliza sempre trocando com as crianças comentários sobre o conteúdo abordado* (Nista-Piccolo, 1995, p. 118).

O terceiro momento está totalmente vinculado ao objetivo proposto pela aula, pois o professor deve observar se os alunos ainda não conseguiram alcançar o que foi desenhado para esse encontro. Caso isso ainda não tenha acontecido, mesmo após um tempo de exploração somado às pistas que foram dadas, ele pode dirigir suas propostas. É aquele momento em que o professor diz assim: "Eles estão quase conseguindo, mas ainda não foram capazes de chegar lá...".

É verdade que será um momento de pura imitação, repetição do que veem, mas isso também é importante acontecer. Só podemos imitar o que está muito próximo de nosso conhecimento. É preciso olharmos o outro, analisarmos como ele faz, interpretarmos e expressarmos corporalmente o que percebemos. É mais complexo do que se pode imaginar. Veja como as autoras em que nos apoiamos relacionam a imitação com a aprendizagem:

> *Em relação ao processo de imitação há algumas divergências. Por muito tempo, as práticas pedagógicas baseadas em estudos empiristas associaram aprendizagem à repetição, à reprodução. A negação deste modelo passa, portanto, pela sujeição da imitação a um segundo plano, a uma condição de inadequação a situações de ensino em que os objetivos estejam desvinculados de um fazer mecânico e estereotipado* (Velardi; Toledo; Nista-Piccolo, 2009, p. 85).

Por exemplo, se o professor apresenta um vídeo de um jogo analisando determinada tática, ou ainda traz alguém para demonstrar um gesto esportivo, ou ele mesmo o faz, deve estar ciente de que cada aluno irá observar de um jeito, partindo de sua própria interpretação. Assim, não teremos reproduções idênticas, fielmente copiadas, mas próximas à compreensão de cada um. Quanto mais amadurecido, mais subsídios o aluno possui para identificar o gesto a ser imitado. É nesse momento que conseguimos verificar como o aluno aprende melhor, se por meio de explicações verbais, visuais ou cinestésicas. O professor deve usar diferentes caminhos para que cada aluno encontre sua forma mais acessível de entender o que fazer, lembrando-se sempre de que imitar só pode ser proposto quando o aluno passou por momentos anteriores de exploração e muita execução.

> *É no terceiro momento que as elaborações de conceitos ou ações mais complexas são propostas. Cabe ao professor dar um referencial concreto, direto, conduzindo o aluno à realização de uma tarefa que possa promover a síntese e a relação entre os conteúdos trabalhados. A demonstração dos conteúdos trabalhados, ou a junção em tarefas mais complexas pode auxiliar na formação de conceitos subjetivos. A apresentação da nova tática elaborada pelo grupo, a composição de séries com elementos da ginástica explorados durante a aula, ou ainda as reflexões sobre os elementos de maior complexidade, a elaboração de regras para que todos possam jogar, são alguns dos exemplos* (Velardi; Toledo; Nista-Piccolo, 2009, p. 88).

Não é porque a aula termina que o conteúdo possa estar finalizado. Algumas turmas podem demonstrar maior necessidade de tempo do que outras, maior intervenção pedagógica, ou ainda a busca de outras estratégias de ensino. Se o professor estiver totalmente envolvido com o processo de aprendizagem dos seus alunos, certamente conseguirá observar se há necessidade de novas situações do mesmo conteúdo para que eles mostrem suas reais compreensões sobre ele. O importante é que todo o processo se constitua num caminhar de crescimento, em que aprendizagens cada vez mais complexas sejam propostas.

A seguir, apresentamos sugestões para aulas de Educação Física no Ensino Médio. Um repertório que pode suscitar novas propostas, que precisam ser readequadas à realidade de cada ambiente escolar, respeitando aspectos culturais da região, da origem dos alunos, dos significados que as atividades tenham para eles e, ainda, das possibilidades de interpretação dos professores, leitores deste livro. Esperamos que este repertório alcance seu maior significado: despertar ideias estimulando a criatividade que cada educador traz consigo.

SUGESTÃO DE LEITURA

NEIRA, M. G. *Educação Física, currículo e cultura.* São Paulo: Phorte, 2009.

8 Repertório de atividades

1 CONCEPÇÕES E ESTILOS DE DANÇA EM DIFERENTES CONTEXTOS SOCIAIS

Objetivo: Identificar nas diversas vivências realizadas nas aulas dos anos/séries anteriores os elementos necessários para dançar em diversos contextos para além da escola.

Conceitual e Factual: Compreensão da dança como uma manifestação corporal possível em qualquer ambiente social.

Procedimental: Caracterização da dança, seus tipos e características possíveis de serem realizadas em diversos ambientes de inserção social. Explorar o que cada um conhece sobre as danças.

Atitudinal: Valorização da dança como uma manifestação social importante na história da humanidade e do cidadão.

Método de ensino: Três Momentos.

Primeiro Momento: Iniciar a atividade questionando os alunos sobre a compreensão que têm sobre a prática da dança para além das aulas na escola.

Questionar, ainda, se eles conseguem identificar a prática da dança em diferentes grupos e segmentos sociais, como na escola, religião, nas academias, dentre outras possibilidades.

Segundo Momento: Solicitar que os alunos manifestem quais foram as primeiras formas de contato com a dança que eles tiveram e as que conhecem atualmente.

Questionar os alunos sobre as diversas formas de dançar e como as danças assumem características diferentes em função do local em que são realizadas, desde conotações festivas até religiosas. Dar dicas sobre a concepção de dança nesses espaços, embora possa seguir um mesmo estilo.

Solicitar que mostrem tipos de danças que conhecem, buscando classificá-las.

Elencar elementos comuns nas diferentes danças.

Terceiro Momento: Solicitar que os alunos digam por que muitas práticas da dança foram e são vulgarizadas pela mídia, bem como por que a figura da mulher é tão explorada nesse segmento.

Apresentar textos, imagens ou matérias jornalísticas televisivas para alimentar o debate, evidenciando essas apropriações da dança em nossa sociedade.

Solicitar ainda que os alunos apresentem perspectivas de mudança de mentalidade e diminuição do preconceito existente nessas práticas, com o objetivo de ampliar as possibilidades de dançar no meio social em que vivemos.

Identificar as preferências dos alunos no tema dança.

Recursos: Nenhum.

Avaliação: A partir da síntese apresentada pelos alunos, será possível identificar os conhecimentos gerais que eles têm sobre a dança. Para tanto, durante a exposição das sínteses, pode-se corrigir possíveis equívocos de interpretação e até mesmo acrescentar outros elementos que os alunos não tenham apresentado.

2 IDENTIFICAR E VALORIZAR ESTILOS DE DANÇA

Objetivo: Reconhecer e valorizar os diversos estilos de dança. Conhecer a dança esportiva.

Conceitual e Factual: Identificação dos diversos estilos de dança e o que as caracterizam. Apresentação da origem da dança esportiva.

Procedimental: Estabelecimento de relações entre os diversos estilos de dança (semelhanças e diferenças), assim como o conjunto de gestualidades, raízes culturais, intenções que caracterizam cada estilo de dança.

Atitudinal: Valorização dos diversos estilos de dança e suas relações com o bem-estar do cidadão, devido à apropriação que pode fazer dessa arte.

Método de ensino: Três Momentos.

Primeiro Momento: Apresentar uma sequência de imagens de vários estilos de dança (impressas, em projeções etc.) e perguntar se os alunos reconhecem os estilos de acordo com as características de vestimenta, expressão facial, quantidade de dançarinos, contexto de prática etc.

Apresentar aos alunos o filme *Vem Dançar*, da diretora Liz Friedlander. O filme retrata diferentes estilos de dança, o que permitirá aos alunos identificar e reconhecer algumas delas. Iniciar os comentários sobre as competições das danças.

Segundo Momento: Solicitar que os alunos digam quais os estilos de dança que identificaram no filme. Caso os alunos não se manifestem, o professor dará dicas para que eles possam responder melhor (solucionar o problema), evidenciando as semelhanças e diferenças das práticas. Apresentar quais os estilos presentes, bem como suas características básicas (*street dance*, valsa, mambo, bolero, tango, foxtrote). Pedir ainda que os alunos relacionem a dança, presente no filme, com o cotidiano social dos atores.

Identificar o que os alunos sabem sobre as competições de dança e sobre a prática de dança esportiva no mundo e no Brasil. Solicitar um amplo levantamento sobre esse tema, como possível modalidade esportiva a ser acrescentada nos Jogos Olímpicos de 2016.

Terceiro Momento: O professor apresentará os estilos de dança que não foram contemplados no filme, destacando suas origens e especificidades. Depois das discussões, solicitar aos alunos que manifestem outros estilos de dança que não estiveram presentes na aula, que digam se praticam ou conhecem pessoas que praticam tais estilos e como a dança pode se fazer presente na vida das pessoas ou mesmo interferir na forma de o indivíduo ser e estar no mundo.

Dividir os alunos em grupos e pedir para cada um levar na aula seguinte uma pesquisa sobre os estilos de dança e forma de dançar que foram abordados no filme.

Recursos: Aparelho de DVD ou videocassete e imagens de estilos de dança. Vídeos do YouTube sobre dança esportiva no Brasil.

Avaliação: A partir da síntese apresentada pelos alunos, será possível identificar os conhecimentos sobre os estilos de dança e a apropriação que eles fizeram do filme e dos conteúdos apresentados. Para tanto, durante a exposição das sínteses, podemos corrigir possíveis equívocos de interpretação e até mesmo acrescentar outros elementos que os alunos não tenham apresentado.

3 CONHECER ESTILOS DE DANÇA DE CADA REGIÃO DO BRASIL

Objetivo: Vivenciar movimentos diversos da dança a partir do conhecimento prévio de cada aluno.

Conceitual e Factual: Conhecimento dos estilos de dança de cada região do Brasil e suas especificidades.

Procedimental: Interpretação e apropriação dos estilos de dança presentes na cultura brasileira.

Atitudinal: Conhecimento e valorização da cultura nacional, assim como de sua história e seus costumes.

Método de ensino: Três Momentos.

Primeiro Momento: Questionar os alunos sobre suas respectivas origens (Estado, cidade, bairro etc.) e saber se conhecem a dança típica da sua região.

Questionar as danças típicas e/ou folclóricas que os alunos conhecem, independentemente de praticá-las ou não, e se sabem a origem e/ou caracterizar essas danças.

Segundo Momento: Tendo anotado as respostas, o professor poderá mediar a discussão, apontando (dando dicas) acerca da relação entre o tipo de dança e a região do País. Exemplo: xote (som dos pés no Cerrado, o famoso arrasta-pé); axé (típico da região de Salvador/Bahia); xula (dança do Rio Grande do Sul, de influência europeia); maracatu (marca a história da colonização do País na região de Sergipe) etc.

Apresentar imagens e/ou músicas que possam identificar esses estilos de dança, como um jogo de adivinha aos alunos.

Terceiro Momento: O professor irá propor uma vivência de alguns estilos brasileiros, apresentando dados sobre eles. Ele dividirá a classe em grupos, e cada um receberá uma imagem com passos ou descrição das danças típicas para tentarem decifrar e aprender e posteriormente apresentarem na sala. Solicitar que os alunos reflitam sobre as práticas vivenciadas e como elas podem sofrer alterações sem descaracterizar a dança em questão. Assim, depois dessas reflexões, os alunos apresentam as possibilidades de adaptação elaboradas.

Recursos: A ser definido pelos alunos.

Avaliação: O esforço em cumprir as tarefas estabelecidas pode ser uma proposta avaliativa.

4 OS GESTOS DA DANÇA A PARTIR DO CONHECIMENTO PRÉVIO

Objetivo: Vivenciar movimentos diversos da dança a partir do conhecimento prévio de cada aluno.

Conceitual e Factual: Compreensão da forma de execução de movimentos diversos da dança e suas possibilidades de realizá-los.

Procedimental: Análise dos gestos que envolvem o dançar.

Atitudinal: Valorização das experiências pessoais, no caso, dos conhecimentos prévios que cada aluno tem sobre a dança, favorecendo a troca e a ampliação de saberes entre os alunos.

Método de ensino: Três Momentos.

Primeiro Momento: Fazer uma atividade de "siga o mestre" com vários estilos musicais. Iniciar a atividade solicitando que os alunos que estão na frente das colunas se desloquem livremente pelos espaços disponíveis criando movimentos (preferencialmente no ritmo da música), e todos do grupo devem copiar seu respectivo mestre. Quando houver mudança de música, o primeiro será o último e um novo mestre faz a mesma proposta, sem repetir os gestos do mestre anterior.

Depois, trocar os ritmos e estilos de música, e os alunos têm que se adaptar a eles.

Segundo Momento: Solicitar que os alunos se reúnam em círculos e digam quais foram os estilos de dança da primeira parte da aula.

Depois, com a mediação do professor, pedir que manifestem esses estilos, a partir de movimentos da dança, e justifiquem por que acham que eles estavam na primeira parte da aula.

Terceiro Momento: Depois, solicitar aos alunos que utilizem os CDs que levaram, com diversos estilos musicais, para apresentar aos demais colegas estilos de dança de que têm conhecimento.

A seguir, discutir as diversas formas de se movimentar nos diferentes tipos de dança vivenciados e como podem estar presentes umas nas outras. Assim, pedir que os alunos pensem e demonstrem essas possibilidades.

Solicitar que os alunos se dividam em grupos de 5 ou 6 pessoas e tragam para a aula seguinte CDs com diferentes estilos de música, bem como diferentes estilos de dança para que sejam apresentados aos demais.

Recursos: Aparelho de CD e CDs com músicas de diferentes estilos.

Avaliação: A partir das novas possibilidades de movimentação elaboradas pelos alunos e das relações que estabeleceram entre os movimentos de diferentes tipos de dança, será possível identificar o conhecimento prévio de cada um e a participação deles em cada proposta.

5 A VIVÊNCIA DA DANÇA NA ESCOLA

Objetivo: Vivenciar a dança em diferentes espaços da escola, expressando-se corporalmente e divulgando essa arte.

Conceitual e Factual: Compreensão da forma de execução de movimentos diversos da dança.

Procedimental: Vivências de movimentos da dança e suas possibilidades para o contexto escolar.

Atitudinal: Disponibilidade para divulgar essa prática dentro da escola.

Método de ensino: Três Momentos.

Primeiro Momento: Questionar sobre as possibilidades de apresentação de uma dança em diversos setores da escola (refeitório, pátio, ginásio, corredor, parquinho etc. Para isso, quais tipos de dança seriam possíveis? Quais adequações deveriam ser feitas?).

Segundo Momento: O professor dará sugestões (dicas) sobre esse processo, assim como outros funcionários da escola.

Terceiro Momento: Seleção do(s) estilo(s) escolhido(s) para o treino, organização e apresentação da dança, tudo feito pelos alunos, com a orientação do professor.

Recursos: A ser definido pelos alunos.

Avaliação: A constituição desta pesquisa, elaboração e apresentação de um estilo de dança pode configurar-se como uma estratégia de avaliação. A partir do esforço e empenho na realização da pesquisa solicitada na aula anterior, as possibilidades de transformação da prática e a participação dos demais nas atividades elaboradas e apresentadas ao grupo podem ser consideradas como aspectos importantes que compõem a avaliação previamente combinada com os alunos.

6 A DANÇA EM PARES

Objetivo: Vivenciar movimentos da dança em pares.

Conceitual e Factual: Compreensão da forma de execução da dança em pares.

Procedimental: Vivências de movimentos da dança, somente possíveis em pares.

Atitudinal: Valorização do outro na realização de movimentos da dança.

Método de ensino: Três Momentos.

Primeiro Momento: Iniciar a atividade solicitando que os alunos se desloquem pelos espaços disponíveis, ao som e ritmo da música. A cada sinal, os alunos deverão compor duplas diferentes e criar passos somente possíveis em duplas. Variações dessa proposta podem ser feitas a cada troca de música, como pedir que uma das partes do corpo de cada pessoa da dupla fique em contato dançando (exemplo: ombros, joelhos, cabeças, braços, pés etc.).

Segundo Momento: Solicitar que os alunos formem duas fileiras. Uma fileira estará na frente da outra. Ao som e ritmo da música, os alunos deverão movimentar-se, sem que exista contato corporal entre eles. Quando a música cessar, uma das fileiras se deslocará para a direita, automaticamente; os últimos alunos de cada fileira, um da direita e outro da esquerda, ficarão sem par; o primeiro aluno que se deslocou para a direita deverá se deslocar para a esquerda e procurar o primeiro aluno que ficou sem par. Ao som e ritmo de outra música, os alunos deverão movimentar-se. Assim, a atividade transcorre.

Depois, sugerir que os alunos permaneçam em fileira, e, ao som e ritmo da música, eles se movimentarão; quando a música cessar, as duplas sairão da posição de fileiras e ocuparão espaços delimitados por círculos riscados com giz no chão. Ao som e ritmo de outra música, os alunos voltam a se movimentar. Quando a música cessar novamente, um dos membros da dupla sai do círculo e procura outra pessoa para compor o par, e assim a atividade segue.

Terceiro Momento: Depois das vivências, apresentar alguns passos (simples e complexos) em pares, para serem realizados pelos alunos. O professor colocará uma música e mostrará o passo. As duplas dispersas pela quadra irão repetir o passo continuamente até que o professor cesse a música. Quando isso ocorrer, deve ser feita uma troca imediata de pares, e o professor ensinará outro passo, e assim sucessivamente, até que tenha havido uma boa troca de duplas e um bom aprendizado de movimentos em pares.

Recursos: Aparelho de CD e CDs com músicas de diferentes estilos.

Avaliação: A partir das novas possibilidades de movimentação elaboradas pelos alunos, será possível identificar os conhecimentos sobre a dança em pares. Para tanto, durante a exposição das sínteses, devem-se corrigir possíveis equívocos de interpretação e até mesmo acrescentar outros elementos que, porventura, os alunos não tenham apresentado.

7 FESTIVAL DE DANÇA

Objetivo: Organizar um festival de dança para todos os alunos da escola.

Conceitual e Factual: Compreensão dos elementos necessários à organização de um festival de dança.

Procedimental: Vivência de elementos de organização e realização de um festival de dança.

Atitudinal: Participação, envolvimento e reconhecimento da importância de todos no desenvolvimento de um festival de dança.

Método de ensino: Três Momentos.

Primeiro Momento: No início da aula, apresentar a ideia de realização de um festival de dança. Conversar com os alunos sobre outras possibilidades que também seriam possíveis na escola para a mostra e disseminação da dança. Considerando-se que o festival tenha sido uma proposta desejada pelos alunos, o professor deve frisar que ela deverá contar com todos os aspectos que foram abordados nas aulas, além da responsabilidade dos alunos em acrescentar elementos que não foram vivenciados na aula, a partir de pesquisas feitas.

Segundo Momento: Após a apresentação inicial, questionar e debater com os alunos sobre quais comissões são necessárias para a organização da mostra, a partir de outras experiências de eventos e tendo em vista as particularidades da prática da dança. O professor reunirá todas as comissões propostas e dará dicas sobre quais realmente são relevantes e/ou possíveis no contexto escolar.

Terceiro Momento: Solicitar que os alunos se dividam em grupos para distribuição das tarefas de cada um: organizar as atividades de recepção dos convidados, mobilizar a escola, divulgar, escolher os praticantes da turma (alunos que participaram das aulas e que se apresentarão na mostra), preparar o ambiente, além da formação de outros grupos que os alunos julguem necessários para execução de todas as tarefas da mostra. Depois dessa definição, os grupos iniciam a discussão das responsabilidades de cada um. No final, reunir-se com cada grupo e solicitar que manifestem suas principais dificuldades e como procederam para saná-las. Perguntar aos alunos se desejam realizar alguma alteração no desenvolvimento das atividades do grupo e, no final, solicitar que terminem a tarefa para a aula seguinte.

Recursos: Nenhum.

Avaliação: Os trabalhos elaborados de cada grupo, para cada comissão, e sua execução no dia da mostra, podem ser passíveis de avaliação do professor.

1 ASPECTOS HISTÓRICOS DA CAPOEIRA

Objetivo: Conhecer os elementos históricos da capoeira.

Conceitual e Factual: Contato e compreensão dos aspectos históricos da capoeira.

Procedimental: Estabelecimento de relações entre a capoeira e a história do Brasil.

Atitudinal: Valorização da história do Brasil e da cultura de uma luta com raízes nacionais.

Método de ensino: Três Momentos.

Primeiro Momento: Primeiro o professor pergunta aos alunos o que eles sabem sobre a capoeira e anota na lousa ou em algum caderno de registro. Depois, apresenta o filme (documentário) *Pastinha! Uma vida pela capoeira*, do diretor Antonio Carlos Muricy. Nesse filme, há depoimentos do Mestre Pastinha, além de outros mestres de capoeira, e como essa prática era realizada e se constitui numa das grandes formas de manifestação corporal nacional.

Segundo Momento: No final do filme, solicitar que os alunos expressem sua compreensão sobre o que assistiram, se entenderam a origem dessa prática, suas relações com a história brasileira, dentre outros conceitos e temas abordados nele, também fazendo paralelos com o que foi dito antes do filme, mediado pelo professor (que faz essa aproximação de saberes).

Terceiro Momento: Solicitar que os alunos se dividam em grupos, discutam e apresentem, posteriormente, as relações entre a prática da capoeira e o momento histórico da sociedade brasileira na época em que o filme é retratado e como isso se observa no contexto atual. O professor encerra esse momento com uma análise final do que foi proposto pelos alunos, e também pode realizar comentários e informações adicionais que colaborem com a proposta da aula e "reforcem" a aprendizagem.

Recursos: Aparelho de DVD ou videocassete. Filme mencionado.

Avaliação: A partir da síntese apresentada pelos alunos, será possível ter indícios se houve assimilação das informações disponíveis no filme sobre os conhecimentos históricos da capoeira e as relações dessa prática com a realidade nacional. Para tanto, durante a exposição das sínteses, corrigir possíveis equívocos de interpretação, e/ou acrescentar elementos que, porventura, os alunos não tenham apresentado. Como tarefa, solicitar que os grupos de alunos realizem uma pesquisa e, na aula seguinte, levem um texto (livros, matérias jornalísticas, quadros artísticos – Debret, legislação, artigos etc.) que retrate as relações entre a capoeira e a história do Brasil. Essa tarefa também pode ser uma forma de avaliação da aula em que os textos forem expostos e debatidos.

2 ESTILOS DE PRÁTICA DA CAPOEIRA

Objetivo: Conhecer os dois estilos de prática da capoeira e o preconceito que envolvia essa prática quando do seu surgimento.

Conceitual e Factual: Contato e compreensão das diferenças de estilos da prática da capoeira.

Procedimental: Identificação das características que são comuns e diferenças entre esses estilos.

Atitudinal: Respeito às diferenças de práticas de capoeira, a partir da compreensão de suas origens e significados em seus contextos de origem/prática.

Método de ensino: Três Momentos.

Primeiro Momento: Questionar os alunos sobre as práticas de capoeira que conhecem, pontuando suas diferenças e semelhanças. Em seguida, informar os alunos sobre a existência de dois tipos de prática da capoeira: a de Angola e a regional. Feito isso, instigar os alunos a mencionarem outros tipos de variações que poderiam ser possíveis na prática da capoeira (alteração na gestualidade, no ritmo de execução, da roda etc.).

Segundo Momento: Depois, retomar as discussões sobre o surgimento da capoeira, fornecendo pistas dos diversos aspectos da discriminação de sua prática (o que é um tipo de violência social), principalmente no início do século XX, sendo, na época, considerada por muitos uma prática de criminosos e negros. E pode-se propor um jogo de vivência das possibilidades de diferenciação da prática da capoeira, a partir de características dadas pelo professor. Por exemplo, fazer, em duplas, alguns gestos de uma luta: bem lentos, bem rápidos, com mais contato, com menos, e também com movimentos do corpo mais próximos do chão ou mais distantes, e assim por diante.

Terceiro Momento: Apresentar as características e as origens de ambos os estilos, sendo a capoeira de Angola a mais tradicional, mais próxima do que os negros praticavam, enquanto a regional não apresenta as características de teatralização e malícia, mais metodizada. Por fim, solicitar aos alunos que comentem por que a prática da capoeira era discriminada quando surgiu, com apontamentos também realizados pelo professor, no sentido de fundamentar esses preceitos. Sugerir também que eles indiquem os motivos do preconceito contra essa prática. Depois, solicitar que os alunos deem indícios dos preconceitos ainda existentes na sociedade em relação à capoeira, assim como comentem a existência de alguma prática corporal que também sofre preconceito nos dias atuais.

Recursos: Nenhum.

Avaliação: Analisar se os alunos têm clareza acerca das diferenças e semelhanças existentes entre os dois estilos de capoeira propostos, se reconhecem o preconceito como uma prática nociva à sociedade em que vivem e como lidam com esse assunto.

3 MOVIMENTO BÁSICO DA CAPOEIRA – A GINGA

Objetivo: Conhecer e vivenciar o movimento básico da capoeira.

Conceitual e Factual: Contato e compreensão do movimento básico da capoeira.

Procedimental: Apropriação da lógica interna do gesto básico da capoeira.

Atitudinal: Disponibilidade de participação e envolvimento na prática dos movimentos básicos da capoeira, a partir do entendimento de quanto isso é salutar para seu desenvolvimento e sua cultura.

Método de ensino: Três Momentos.

Primeiro Momento: Iniciar a atividade retomando os aspectos que foram abordados em aulas anteriores, especificamente os apontados pelos alunos sobre a prática da capoeira, movimentos específicos, músicas, instrumentos etc.

Após essa retomada, solicitar aos alunos que proponham movimentos da capoeira, com base nessa retomada, e que posteriormente apontem suas características.

Segundo Momento: Solicitar que os alunos reflitam sobre qual movimento é o mais presente, mais básico da capoeira, que foi possível notar em todo esse processo de contato com a prática (filmes, imagens, observação em eventos etc.). Em seguida, que o realizem e caracterizem/descrevam de acordo com esse contato prévio.

Terceiro Momento: Apresentar o movimento da ginga, e estabelecer diálogos com o que foi apresentado por eles no Segundo Momento (semelhanças e diferenças). Solicitar que os alunos se distribuam pelo espaço e iniciem a realização da ginga. Inicialmente, os alunos realizarão a ginga pelo espaço, de forma aleatória, sem perfilhamento ou círculo. Para facilitar a execução do gesto, podem-se riscar na quadra pequenos círculos, com base triangular. Como a base do movimento da ginga é triangular, são desenhados dois círculos na frente e um círculo atrás dos dois da frente, formando um triângulo invertido. Outra possibilidade é colocar uma corda na frente do aluno, os passos de apoio dianteiro na frente da corda e o passo traseiro atrás dela. Solicitar que os alunos apresentem algum elemento que favoreça a realização da ginga. Espera-se, nesse momento, que os alunos indiquem a necessidade do acompanhamento musical para realização do movimento com ritmo adequado. Solicitar ainda que os alunos indiquem outra possibilidade para execução da ginga que não foi apresentada, bem como a viabilidade dessa prática.

Recursos: Giz e cordas.

Avaliação: Analisar quais foram as relações estabelecidas pelos alunos a partir do que já viram e vivenciaram da capoeira (dentro e fora da escola) e sobre o movimento básico da luta (ginga). Observar como os alunos se manifestam e se envolvem na prática, tanto naquelas dirigidas pelo professor como no processo de criação e reflexão sobre a prática (o que pode apontar para uma apropriação do conhecimento).

4 A IMPORTÂNCIA DO RITMO MUSICAL NA CAPOEIRA

Objetivo: Identificar e reconhecer a importância do ritmo musical na prática da capoeira.

Conceitual e Factual: O significado do ritmo na capoeira e sua relação com os gestos dessa prática.

Procedimental: Compreensão e vivência dos movimentos básicos da capoeira, contextualizados com o ritmo musical.

Atitudinal: Participação e envolvimento na prática dos movimentos básicos da capoeira.

Método de ensino: Três Momentos.

Primeiro Momento: Inicialmente, solicitar aos alunos que se reúnam e lembrem da forma tradicional de praticar a capoeira (em círculo). Após esse processo, sentar em círculo, e perguntar aos alunos se eles entendem que a realização da ginga pode ocorrer de forma mais espontânea e adequada a partir da inserção do ritmo e som.

Depois dessa discussão, solicitar que proponham como realizar isso – a relação do ritmo musical com o gesto da capoeira. Cada um irá mostrar/comentar sua proposta, e, dependendo dela, outros podem realizá-la ou não.

Em seguida, propor que eles realizem a ginga, espalhados pelo espaço, no ritmo de cada estilo musical que for tocado no aparelho de som. Ou seja, o objetivo é colocar diferentes estilos musicais (*pop*, *rock*, clássico, *rap*, tecno, *funk*, maracatu etc.), e os alunos tentarão fazer a ginga de acordo com cada estilo.

Segundo Momento: Introduzir as palmas, ritmadas, como uma dica para a compreensão do ritmo próprio dessa prática. Depois das considerações iniciais, solicitar que os alunos possam propor o ritmo correto e que algum aluno adentre ao círculo, conhecido na capoeira como "roda de capoeira", para que realize a ginga no ritmo das palmas. Depois, solicitar que haja revezamento entre os alunos na realização da ginga dentro da roda de capoeira. Estabelecer esse revezamento até que todos tenham realizado o movimento algumas vezes.

Terceiro Momento: Ensinar a todos um canto comum na prática da capoeira, "paranauê, paranauê, paraná", que também pode ser tocado no aparelho de som, combinado com as palmas. Ensinar ainda as formas de entrada e saída da roda, onde há uma lógica e também uma permissividade para a criação de alguns gestos. Depois dessas vivências, questionar os alunos sobre outras formas de realizarem o movimento da ginga na roda de capoeira. Os alunos indicam as possibilidades e a realizam ao som e ritmo da música e das palmas.

Recursos: Aparelho de som e CD com a música "paranauê, paranauê, paraná".

Avaliação: Observar como os alunos se manifestam e se envolvem na prática, tanto nas dirigidas pelo professor como no processo de criação e reflexão sobre ela. Identificar as dificuldades e facilidades dos alunos na relação música/movimento.

5 MOVIMENTOS BÁSICOS DE ATAQUE E DEFESA NA CAPOEIRA

Objetivo: Identificar e realizar novos movimentos da prática da capoeira.

Conceitual e Factual: Compreensão dos movimentos da capoeira e sua utilização durante a prática da luta.

Procedimental: Vivência dos movimentos básicos da capoeira, almejando-se internalizar a sequência de movimentos dos segmentos corporais para a constituição de cada um desses movimentos.

Atitudinal: Participação e respeito aos demais na realização dos movimentos da capoeira, vivenciando uma forma de luta, sem agressão e violência, mas, ao contrário, repleta de cuidados com o outro.

Método de ensino: Três Momentos.

Primeiro Momento: Iniciar a aula propondo que os alunos se dividam em duplas e criem/exercitem formas de ataque e defesa possíveis durante uma luta, utilizando todas as partes do corpo (e/ou em cada gesto, preferencialmente, uma ou duas partes do corpo) e planos.

Segundo Momento: Em seguida, reunir os alunos e fornecer dicas (a partir do que vimos os alunos fazerem e dos conhecimentos da capoeira) para que mostrem ou comentem qual o movimento mais utilizado na capoeira para defesa e ataque. O professor deve estimular a criatividade do aluno e também a competência para a descrição e/ou realização de gestos variados, enaltecendo aqueles que se parecem com os básicos da capoeira, e também elogiando o que foi criado que difere disso.

Terceiro Momento: Apresentar aos alunos o movimento da esquiva e da bênção, gestos de defesa e de ataque, respectivamente, na prática da capoeira (corporalmente, por algum aluno que já pratica, por vídeo/DVD etc.). O primeiro consiste em projetar o corpo para trás quando recebe um ataque do adversário e o segundo em realizar um chute para a frente, finalizando com a "apresentação" da sola do pé ao adversário, que pode realizar a esquiva para proteger-se de tal ataque. Depois, solicitar que eles se apropriem desses gestos, realizando-os em trios, havendo trocas constantes de papéis, em que dois ficarão jogando e um ficará de fora analisando o movimento da esquiva e da bênção (e colaborando com sua execução). No final da atividade, solicitar que os alunos se reúnam e comentem outras possibilidades de realização da atividade, como modificações na forma, número de pessoas etc. Após esse momento de reflexão, os alunos propõem à classe uma ou mais variações da atividade e/ou dos dois gestos básicos (que tenham sido criados após o contato com o gesto técnico específico, no Terceiro Momento) e os demais colegas da classe irão experimentar.

Recursos: Vídeo ou DVD com os gestos básicos da capoeira; aparelho para a leitura da mídia.

Avaliação: Registrar os alunos que se envolveram com a aula e criaram novas possibilidades de movimento, assim como a evolução deles em relação às aulas anteriores no que diz respeito à disponibilidade para a prática e o aprendizado da capoeira.

6 VIVÊNCIA E CRIAÇÃO DE NOVOS MOVIMENTOS DA CAPOEIRA

Objetivo: Identificar e realizar novos movimentos da prática da capoeira.

Conceitual e Factual: Compreensão dos movimentos da capoeira e sua utilização durante a prática da luta.

Procedimental: Compreensão das possibilidades de vivência e organização corporal para a criação de novas possibilidades/gestos de luta.

Atitudinal: Participação e respeito aos demais colegas na realização dos movimentos da capoeira, valorizando o adversário como necessário para que ocorra a luta, assim como a criatividade de novos gestos (autonomia).

Método de ensino: Três Momentos.

Primeiro Momento: Iniciar a aula com a atividade de "pegador", em que um aluno (o pegador) tentará pegar o outro. O que for pego fica parado imediatamente, e para voltar à atividade o outro aluno deverá realizar os gestos da esquiva, bênção e ginga com ele. Depois de um determinado tempo, variar a atividade pedindo que o aluno pego, para ser salvo, crie uma forma diferente de ataque ou defesa, a ser analisado pelo professor. Em seguida, pode-se aumentar o número de pegadores, realizar apenas um dos movimentos ou mesmo combinações de movimentos.

Segundo Momento: Depois da atividade inicial, solicitar que os alunos se dividam em duplas para realizar uma atividade de desafio (resolução de problema). Um aluno deve criar uma forma de ataque, e o outro, para responder ao desafio, deve criar uma de defesa (para aquele gesto específico feito pelo colega). Depois, invertem-se os papéis: um faz o ataque e outro, a defesa. E as trocas vão ocorrendo sucessivamente, até que um deles desista, por não conseguir criar um movimento (de ataque ou defesa).

Terceiro Momento: Depois dessas vivências, reunir os alunos em círculo e convidá-los a realizar os movimentos de forma combinada com outro colega, a partir do que foi vivido na atividade anterior. Essa participação deve ser voluntária, e, caso haja timidez, ou desmotivação, pode-se propor que algumas duplas mostrem somente um movimento de ataque e outro de defesa, ou que proponham outra atividade para mostrar o que criaram. Para envolver os demais, solicitar que todos batam palmas e entoem a música "paranauê, paranauê, paraná". Conforme os alunos forem se sentindo à vontade, as duplas serão trocadas, de acordo com a espontaneidade de cada um. Pode-se ainda passar um vídeo/DVD com uma roda de capoeira, para que os alunos conheçam diferentes formas de ataque e defesa (inclusive aquelas que se utilizam de acrobacias ou movimentos mais complexos).

Recursos: Vídeo ou DVD de capoeira e aparelho para sua transmissão.

Avaliação: O professor pode optar por considerar a atividade da roda (em que cada dupla irá expor o que criou de ataque e defesa na atividade anterior) como uma atividade avaliativa (esclarecendo isso no início da aula e fornecendo os critérios de avaliação). Cada aluno irá ganhar uma porcentagem da nota bimestral se "participar" da proposta. O professor também pode pedir para que os alunos estabeleçam semelhanças e diferenças entre esses movimentos da capoeira e os movimentos acrobáticos (já estudados na área da ginástica) como uma forma de avaliação, seja escrita, seja imagética, corporal etc.

7 CONHECER OS INSTRUMENTOS DA CAPOEIRA

Objetivo: Conhecer alguns instrumentos utilizados na prática da capoeira e realizar os movimentos desta ao som desses instrumentos.
Conceitual e Factual: Compreensão do uso dos instrumentos na prática da capoeira, individualmente e em conjunto.
Procedimental: Vivência dos movimentos básicos da capoeira ao som dos instrumentos, apropriando-se da gestualidade necessária para tocar cada instrumento.
Atitudinal: Participação e reconhecimento da importância de todos e do papel de cada um no desenvolvimento e na realização da roda de capoeira (tocando, cantando, jogando etc.).
Método de ensino: Três Momentos.

Primeiro Momento: Questionar se algum aluno sabe os nomes dos instrumentos que são tocados na roda de capoeira. Em seguida, apresentar-lhes o berimbau, o pandeiro e o atabaque. Após a apresentação de cada instrumento, fazer com que todos os alunos possam tocá-los, produzindo diferentes sons e ritmos, e também tentando encontrar aquele que é mais comum na capoeira, a partir de suas fragilidades e potencialidades (motoras, musicais etc.).

Segundo Momento: Depois da atividade inicial, solicitar que os alunos se posicionem em círculo e que um grupo de três toque os instrumentos, enquanto os demais apreciam, podendo intervir (dar dicas) para colaborar com o manuseio do instrumento e a aproximação do som/ritmo com os da capoeira. O professor será um mediador, auxiliando os alunos nessa conquista de tocar os instrumentos, assim como de harmonizá-los.

Terceiro Momento: Aprimorada a vivência de tocar os instrumentos de maneira harmônica, o professor dará mais dicas para aqueles que estão tocando, enquanto os demais colegas fazem a roda de capoeira acontecer, utilizando-se dos movimentos básicos e tradicionais (já vividos em outras aulas), assim como os mais complexos ou criados (para ataque e defesa). Após uma sequência de apresentação dos alunos, estes revezam-se nas funções de instrumentistas e de participantes da roda. A seguir, solicitar que os alunos indiquem possibilidades de mudança na prática e em tudo que envolve a roda. De acordo com as sugestões dos alunos, as atividades serão vivenciadas. Indicar a possibilidade de acelerar o ritmo da música, que os alunos joguem capoeira em trios, criem ou utilizem outros movimentos que conheçam.

Recursos: Berimbau, pandeiro e atabaque.

Avaliação: Observar como os alunos demonstram ser criativos durante a atividade e se conseguem identificar as características de cada movimento e instrumento utilizado na aula.

8 MOSTRA DE CAPOEIRA

Objetivo: Organizar uma mostra de capoeira para todos os alunos da escola.

Conceitual e Factual: Compreensão dos elementos necessários à organização de uma mostra de capoeira.

Procedimental: Vivência de elementos de organização e realização de uma mostra de capoeira.

Atitudinal: Participação, envolvimento e reconhecimento da importância de todos no desenvolvimento de uma mostra de capoeira (organização e prática).

Método de ensino: Três Momentos.

Primeiro Momento: No início da aula, apresentar a ideia de realização de uma mostra de capoeira. Conversar com os alunos sobre outras possibilidades na escola para a mostra e disseminação da capoeira. Considerando-se que a mostra tenha sido uma proposta desejada pelos alunos, o professor deve frisar que ela deverá contar com todos os aspectos abordados nas aulas, além da responsabilidade dos alunos em acrescentar elementos que não foram vivenciados, a partir de pesquisas realizadas.

Segundo Momento: Após a apresentação inicial, questionar e debater com os alunos sobre quais comissões são necessárias para a organização da mostra, a partir de outras experiências de eventos, e tendo em vista as particularidades da prática da capoeira. O professor reunirá todas as comissões propostas e dará dicas sobre quais realmente são relevantes e/ou possíveis no contexto escolar.

Terceiro Momento: Solicitar que os alunos se dividam em grupos para distribuição das tarefas, como: organizar as atividades de recepção dos convidados, convidar capoeiristas, mobilizar a escola, divulgar o evento, escolher os praticantes da turma (alunos que participaram das aulas e se apresentarão na mostra) e preparar o ambiente – além de outros grupos que os alunos julguem necessários para execução de todas as tarefas da mostra. Depois dessa definição, os grupos iniciam a discussão das responsabilidades de cada um. No final, reunir-se com os alunos e pedir que apontem as principais dificuldades dos grupos e como cada um procedeu para resolvê-las. Perguntar aos alunos se desejam realizar alguma alteração no desenvolvimento das atividades do grupo e solicitar que terminem a tarefa para a próxima aula.

Recursos: Nenhum.

Avaliação: Os trabalhos elaborados por grupo, para cada comissão, e sua execução no dia da mostra, podem ser passíveis de avaliação do professor.

1 ESPORTE E SOCIEDADE

Objetivo: Compreender as relações existentes entre o esporte e os diversos segmentos da sociedade.

Conceitual e Factual: Compreensão de como as modalidades esportivas podem ultrapassar o limite na execução das técnicas específicas dessas práticas.

Procedimental: Estabelecimento de relações entre as modalidades esportivas e os diversos segmentos da sociedade.

Atitudinal: Valorização das modalidades esportivas como uma possibilidade de entendimento da sociedade em que vivemos.

Método de ensino: Três Momentos.

Primeiro Momento: Solicitar que os alunos manifestem em quais segmentos sociais as modalidades esportivas estão inseridas, por exemplo: na mídia, na economia, no trabalho, no lazer, no consumo de produtos, na política, dentre outras possibilidades.

Perguntar se os alunos conseguem identificar como o esporte se faz presente nesses segmentos sociais e que tipo de influência essa relação exerce na vida deles.

Segundo Momento: Solicitar que os alunos registrem suas ideias/opiniões no caderno a partir de leituras de artigos de revistas ou tirados da internet, ou vídeos, filmes ou reportagens que possam subsidiar um debate em pequenos grupos (trios ou quartetos) em que os elementos discutam sobre suas anotações. Os registros podem ser sobre quaisquer segmentos que os alunos queiram discutir, mas é importante que o professor faça a mediação, trazendo questionamentos também.

Terceiro Momento: Pedir aos alunos que apresentem suas produções aos colegas. O professor deve registrar os pontos comuns às produções dos alunos e mediar a discussão a partir desses elementos norteadores.

Recursos: Reportagens, ilustrações, artigos, livros ou outros elementos midiáticos que subsidiem as discussões.

Avaliação: Avaliar os alunos a partir da produção, leitura e discussão dos registros produzidos por eles e como manifestaram o entendimento das relações entre o esporte e a sociedade.

2 BEISEBOL – TACO E BASE QUATRO

Objetivos: Conhecer e identificar características específicas do beisebol. Reconhecer o beisebol como manifestação da cultura esportiva de outro país. Respeitar e valorizar a sua prática. Ampliar o repertório motor e esportivo dos alunos.

Conceitual e Factual: Compreender a história e os princípios básicos que regem a prática do beisebol.

Procedimental: Realizar movimentos de rebater com tacos oficiais e tacos construídos (com cabos de madeira), buscando uma aproximação com os movimentos do beisebol.

Atitudinal: Valorizar a prática da modalidade esportiva e respeitá-la enquanto manifestação da cultura esportiva.

Método de ensino: Três Momentos.

Primeiro Momento: Perguntar aos alunos quem conhece beisebol ou já jogou alguma vez. Com qual prática da nossa cultura o beisebol se parece? Apresentar alguns equipamentos da modalidade (luvas, bolas e capacetes) e deixar que os alunos os manipulem à vontade.

Segundo Momento: Perguntar aos alunos: Quem já jogou ou conhece o jogo de taco? Quais movimentos se assemelham ao jogo de beisebol? Quais jogadas se assemelham ao beisebol?

Propor que os alunos se organizem em duplas para jogar o taco, conforme regras estabelecidas por eles, inclusive regras resgatadas da prática do jogo na infância.

Os alunos devem se espalhar pela quadra de forma a permitir que todos tenham o mesmo espaço para o jogo. Uma possibilidade é delimitar o espaço através das linhas laterais da quadra de futsal.

Observar e registrar como os alunos manipulam (seguram) o taco e quais as dificuldades encontradas na execução do rebater e no entendimento do jogo.

Terceiro Momento: Pedir aos alunos que se reorganizem em duas grandes equipes para a realização do jogo Base Quatro. O jogo se assemelha ao beisebol, pois tem arremessadores e rebatedores. O objetivo de cada equipe é diferente:

A equipe que arremessa e rebate as bolas tem por objetivo percorrer as quatro bases sem perder nenhum jogador (isso acontece quando ele erra três rebatidas seguidas ou quando é queimado antes de chegar a uma base).

A equipe que corre por fora das bases tem por objetivo "queimar" o maior número de jogadores da outra equipe, eliminando-os do jogo. Sempre que um jogador termina as quatro bases ou é eliminado do jogo, um novo aluno toma seu lugar para tentar cumprir as quatro bases.

O rebatedor ocupa a primeira base e, quando conseguir rebater a bola lançada pelo lançador/arremessador (que é da sua mesma equipe), deve correr o mais rápido que puder, passando por todas as bases, e retornar à base 1. Dessa forma, ele marca um ponto para sua equipe. Vence a equipe que marcar/acumular mais pontos durante o jogo.

Recursos: Equipamentos oficiais do beisebol, tacos e bolinhas de tênis para o jogo de taco.

Avaliação: Registrar as maiores dificuldades apresentadas pelos alunos durante a exploração dos movimentos.

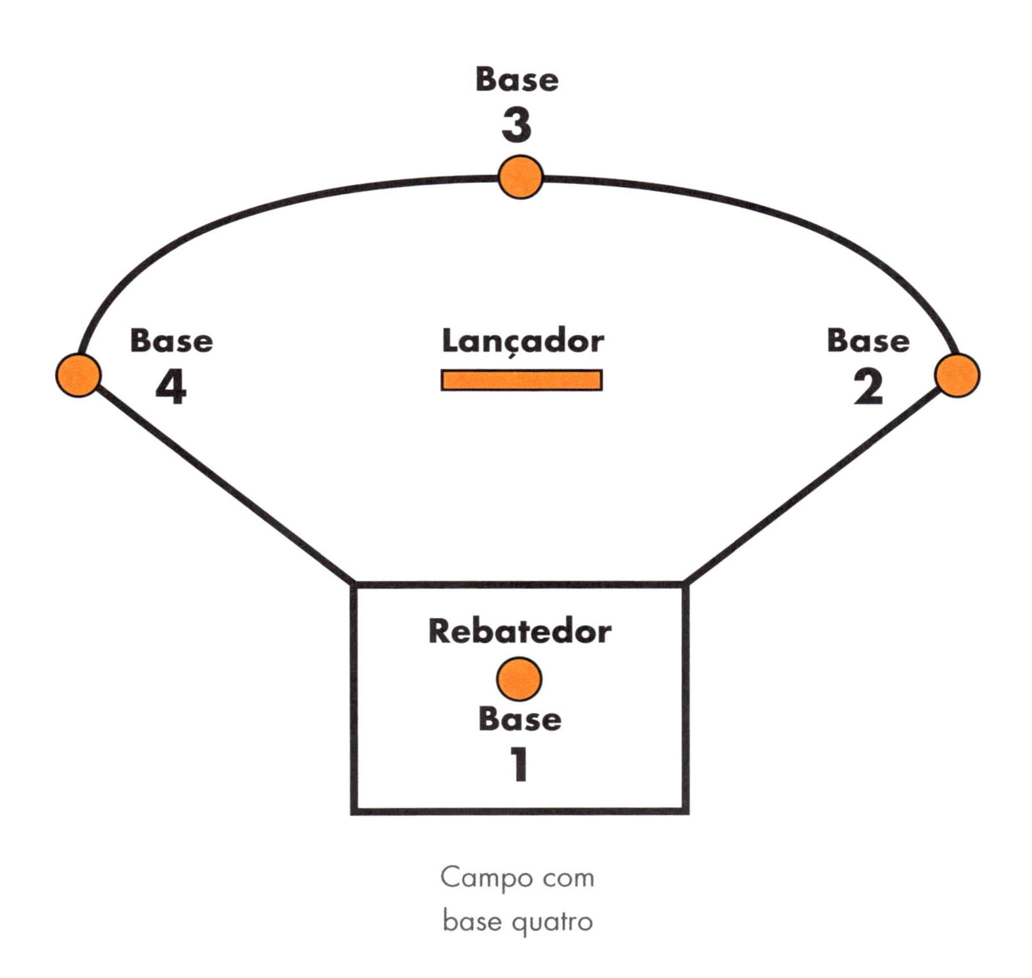

Campo com base quatro

3 BADMINTON NA ESCOLA

Objetivos: Conhecer e identificar o *badminton* e seus equipamentos. Ampliar o repertório motor e esportivo dos alunos.

Conceitual e Factual: Compreensão dos movimentos básicos do *badminton*.

Procedimental: Rebater com diferentes tipos de raquete.

Atitudinal: Participar do jogo com disposição. Cooperar com o colega durante a realização das atividades. Reconhecer o *badminton* como uma manifestação da cultura esportiva.

Método de ensino: Três Momentos.

Primeiro Momento: Pedir aos alunos que ocupem todos os espaços possíveis da quadra e entregar uma raquete e uma peteca para cada um (nesse momento, não importa se é de *badminton* ou de outra modalidade de raquetes).

Eles devem rebater a peteca de diferentes maneiras. O importante é que a peteca não caia no chão e eles não precisem realizar grandes deslocamentos para rebatê-la.

Segundo Momento: O professor deve ir retirando aos poucos as petecas, criando uma situação em que os alunos que ficarem sem elas terão que encontrar alternativas para participar da atividade, pois nenhum aluno pode ficar sem rebater. Com o passar do tempo, o número de petecas que estará em jogo será mínimo, e o desafio é envolver todos os colegas no jogo, lembrando que as petecas que ainda estão em uso não podem cair no chão (não acontece nada se a peteca cair, apenas a dinâmica da atividade fica mais lenta).

Perguntar aos alunos o que foi mais difícil nesse momento: rebater a peteca ou definir para quem jogar? Como escolher para quem rebater a peteca?

Realizar a mesma atividade, só que ao contrário: o jogo começa com uma peteca e, aos poucos, o professor vai inserindo mais. O objetivo continua o mesmo: rebater as petecas sem que caiam no chão.

Nesse momento, o desafio é diferente: como manter mais petecas no ar?

Terceiro Momento: Organizar os alunos em quatro equipes e propor o jogo do *badminton* maluco: todas as equipes jogam ao mesmo tempo na quadra (separada pela rede de voleibol um pouco mais baixa).

O objetivo não é derrubar a peteca no chão, mas cooperar com os colegas das outras equipes para que a peteca permaneça o maior tempo possível no ar. Conforme os alunos forem se adaptando ao jogo, o professor pode colocar mais petecas para cada disputa (no máximo três petecas).

Recursos: Raquetes de diferentes tipos e tamanhos (inclusive as raquetes oficiais de *badminton*), petecas, rede de voleibol.

Avaliação: Registrar as maiores dificuldades apresentadas pelos alunos durante a exploração dos movimentos. Analisar e registrar dificuldades e facilidades dos alunos para posterior análise.

4 FUTEBOL AMERICANO ADAPTADO - BITOQUE

Objetivos: Conhecer o futebol americano e sua adaptação para a realidade das escolas brasileiras. Vivenciar o bitoque.

Conceitual e Factual: Compreender a dinâmica do futebol americano e do bitoque.

Procedimental: Executar movimentos básicos do futebol americano e participar do jogo de bitoque.

Atitudinal: Reconhecer e valorizar as aulas de Educação Física escolar como o espaço adequado para a aprendizagem e vivência de práticas esportivas advindas de outros países.

Participar com disposição das atividades de futebol americano e do jogo de bitoque.

Cooperar com os colegas durante a realização das atividades.

Método de ensino: Três Momentos.

Primeiro Momento: Levar para a aula a bola do futebol americano e perguntar se os alunos sabem a qual modalidade esportiva ela pertence.

Deixar que os alunos manipulem a bola à vontade, utilizando pés e mãos para arremessá-la ou recebê-la.

Perguntar aos alunos se alguma vez assistiram a uma partida de futebol americano. É uma prática possível para o ambiente escolar? Por quê? O espaço que as escolas têm para as aulas de Educação Física é suficiente para a modalidade esportiva, tal como ela nos é apresentada pela televisão?

Segundo Momento: Organizar os alunos em duas equipes e pedir que experimentem trocar passes, variando a distância entre eles e as maneiras de arremessar a bola. Quais foram as dificuldades encontradas? O professor deve registrar as dificuldades e as facilidades apresentadas pelos alunos.

Terceiro Momento: Apresentar aos alunos o jogo do bitoque (adaptação do futebol americano para as escolas).

O campo de jogo é delimitado pelas linhas laterais da quadra de futsal e pela área do goleiro (área-alvo). O objetivo do bitoque é marcar o maior número possível de pontos em um determinado tempo (a ser combinado entre professor e alunos). A equipe marca um ponto sempre que consegue colocar a bola dentro da área-alvo. A bola deve ser arremessada (desde que seja para os lados ou para trás, nunca para a frente do jogador que está de posse da bola), mas, para validar os pontos, um jogador precisa entrar na área com a bola. Os chutes só acontecem no início da partida e na retomada do jogo, após a marcação de um ponto.

O objetivo das equipes é colocar a bola dentro da área-alvo, mas os movimentos de ataque e defesa acontecem simultaneamente. Para retomar a bola, a equipe pode interceptar os passes ou fazer o bitoque no jogador que está com a bola (em nenhum outro momento pode acontecer contato físico). O bitoque se caracteriza por um toque com as duas mãos (ao mesmo tempo) no jogador que está com a bola. Quando isso acontece, ele é obrigado a largar a bola, dando possibilidade de a outra equipe retomar a posse de bola. Qualquer outro toque no corpo do adversário é considerado falta e paralisa o jogo. O reinício do jogo se dá com um chute no local em que ocorreu a infração.

Recursos: Bola de futebol americano e coletes de cores diferentes.

Avaliação: Registro das dificuldades e facilidades demonstradas pelos alunos para posterior análise da realização do jogo e da escolha das estratégias de jogo. Observar como os alunos realizam os movimentos e suas atitudes de cooperação e respeito aos colegas.

5 ESPORTE E CONSUMO

Objetivo: Compreender as relações existentes entre a prática do esporte com questões da mídia e do consumismo.

Conceitual e Factual: Compreensão da prática esportiva e sua relação com o conceito de consumismo, muitas vezes, imposto pela mídia.

Procedimental: Estabelecimento de relações entre esporte, mídia e consumismo.

Atitudinal: Assumir postura crítica e reflexiva a respeito das práticas esportivas impostas pela mídia.

Método de ensino: Três Momentos.

Primeiro Momento: Solicitar aos alunos que se desloquem pela quadra correndo ou andando e encontrem fichas escondidas com nomes de produtos ou empresas divulgados pela mídia. Quando todas as fichas forem encontradas, pedir aos alunos que tentem relacionar o nome do produto ou empresa que encontraram aos eventos esportivos que patrocinam, de quaisquer modalidades esportivas. É importante para essa atividade selecionar nomes de empresas e/ou produtos que estejam em destaque na atualidade, visto que isso se altera de tempo em tempo. Atualmente, o professor pode elencar empresas públicas, como Banco do Brasil, Caixa Econômica Federal, Correios, Petrobras; ou bancos privados de uma forma geral e empresas que comercializam bebidas, carros, motos, dentre outras.

Registrar no diário de campo os acertos e erros dos alunos nessa primeira atividade.

Em seguida, pedir aos alunos que discutam como se dá a relação esporte (atleta)/patrocinador/consumo.

Segundo Momento: Retomar a discussão a partir das considerações dos alunos.

Apresentar aos alunos os registros de acertos e erros da primeira atividade. Trazer nesse momento elementos midiáticos que possam dar subsídios a um debate entre eles. Perguntar aos alunos por que se lembram de determinadas marcas e não de outras. Já tiveram vontade de comprar o produto anunciado em um evento esportivo? Se compraram, ele foi útil ou apenas serviu para "saciar" a vontade de consumir? Será que existe uma lógica entre os produtos anunciados e o evento/esporte/atleta patrocinado?

Terceiro Momento: Pedir aos alunos que elaborem um texto que aborde a relação entre esporte, mídia e consumo, destacando aspectos que não foram abordados na aula, além de pontos positivos e negativos dessa relação. No final, trocar os textos entre os alunos e pedir que eles façam uma votação sobre qual é o texto que melhor traduz a discussão da aula. A escolha precisa ser justificada.

Recursos: Fichas com nomes de produtos e/ou empresas patrocinadoras de eventos esportivos e/ou atletas. Vídeos, artigos de revistas ou jornal, reportagens afins.

Avaliação: A partir das discussões e reflexões apresentadas pelos alunos durante os questionamentos, bem como dos textos produzidos, será possível observar a apropriação (ou não) de conhecimentos e informações acerca da relação entre esporte, mídia e consumo.

6 ORGANIZAÇÃO DE EVENTO ESPORTIVO

Objetivo: Organizar um evento esportivo para membros da comunidade escolar.

Conceitual e Factual: Compreensão a respeito da organização de um evento esportivo.

Procedimental: Organização de um evento esportivo.

Atitudinal: Reconhecimento do papel e da importância de cada indivíduo na realização de um evento esportivo.

Método de ensino: Três Momentos.

Primeiro Momento: Iniciar a aula apresentando aos alunos um vídeo de evento esportivo escolar: pode ser de campeonato esportivo, festival de lutas, festival de ginástica ou danças. Depois, entregar aos alunos material que trate de pontos da organização de um evento, como elaboração do cronograma, seleção das pessoas que irão trabalhar nas diferentes fases do evento (antes, durante e depois), divulgação (*marketing*) etc.

Pedir aos alunos que se organizem em comissões para cada setor do evento e definam um evento esportivo para organizar na escola.

Segundo Momento: Elencar com os alunos os pontos fortes e fracos do evento escolhido em função das características (que devem ser coerentes com a comunidade atendida). Será que faz sentido organizar um festival de handebol se essa não for uma modalidade apreciada pela comunidade escolar? Como identificar as preferências do entorno? Qual comissão é responsável por esse diagnóstico?

Terceiro Momento: Definir com os alunos as tarefas das pessoas durante o período do evento, independentemente de qual comissão integram, haja vista que o evento é para a comunidade e de responsabilidade dos alunos.

Tente "prever" o que pode dar errado e já criar um "rol" de soluções para cada problema hipotético.

Recursos: DVD de evento esportivo escolar e material explicativo sobre organização de eventos.

Avaliação: A partir da organização do evento e da capacidade dos alunos em realizar a tarefa solicitada. Para tanto, durante o evento, observa-se o envolvimento de todos, organizadores e participantes, bem como corrigem-se possíveis equívocos. Deve-se observar ainda se os alunos elaboraram as tarefas solicitadas com empenho e dedicação.

1 ASPECTOS HISTÓRICOS E CONCEITUAIS SOBRE A GINÁSTICA DE ACADEMIA

Objetivo: Relacionar as práticas de ginástica já vivenciadas no Ensino Fundamental com a ginástica denominada de academia ou condicionamento físico, conhecendo seus aspectos culturais e históricos.
Conceitual e Factual: Entendimento das diferenças conceituais das diversas formas de manifestação da ginástica, bem como da relação entre seus aspectos históricos, com ênfase na ginástica de academia.
Procedimental: Estabelecimento de relações entre as diferentes formas de prática da ginástica com saúde e qualidade de vida.
Atitudinal: Analisar as diferentes formas de praticar ginástica como atitude para deixar o corpo saudável.
Método de ensino: Três Momentos.

Primeiro Momento: Iniciar a aula retomando as práticas gímnicas que foram abordadas no Ensino Fundamental, questionando os alunos sobre suas nomenclaturas, aspectos históricos e características.

Em seguida, apresentar o filme *Workout*, do diretor Sidney Galanty. Nesse filme, de 1985, a atriz Jane Fonda apresenta uma série de exercícios de ginástica para qualquer idade. A ideia não é utilizar o filme como referência para as aulas no sentido de sua execução, mas apresentar uma das primeiras formas de registro da ginástica moderna de academia.

Segundo Momento: No final do filme, pedir aos alunos que expressem o que entenderam, se conseguiram estabelecer relações entre o filme, a prática de ginástica que tiveram no Ensino Fundamental, a ginástica que se pratica nas academias atualmente, a relação com a saúde e a qualidade de vida, dentre outros elementos subliminares que o filme possa apresentar. Fazer um levantamento dos tipos de ginástica praticada em academia que os alunos conhecem. Após o levantamento, criar uma classificação delas a partir de um critério adotado, por exemplo, a função da ginástica. Tudo isso com a mediação do professor, que deve apresentar dicas para "retomar" os conhecimentos já aprendidos e relacioná-los com os novos.

Terceiro Momento: Solicitar que os alunos se dividam em grupos, discutam e apresentem, posteriormente, as relações entre o filme, a prática de ginástica que tiveram no Ensino Fundamental, a ginástica que atualmente se pratica nas academias (caso a pratiquem ou a conheçam por outros caminhos), a relação com a saúde e a qualidade de vida. Como tarefa, pedir que os grupos de alunos realizem uma pesquisa sobre as diversas formas de prática da ginástica de academia. Contudo, essa pesquisa deverá ser feita apenas com a apresentação de imagens, sem texto.

Recursos: Aparelho de DVD ou videocassete.

Avaliação: Identificar, a partir das sínteses feitas pelos alunos, os conhecimentos sobre o tema tratado em aula e suas relações com os aspectos abordados. Na apresentação das sínteses, serão corrigidos os equívocos de interpretação e acrescentados elementos esquecidos. A entrega ou apresentação das sínteses do "Terceiro Momento" assim como a pesquisa orientada podem constituir-se de instrumentos de avaliação (desde que devidamente orientados).

2 MANIFESTAÇÕES DA GINÁSTICA DE ACADEMIA

Objetivo: Identificar as diferentes formas de prática da ginástica de academia, estabelecendo relações com saúde e qualidade de vida.

Conceitual e Factual: Reconhecimento das diferentes formas de manifestação da ginástica de academia.

Procedimental: Estabelecimento de relações entre a prática da ginástica de academia com saúde e qualidade de vida.

Atitudinal: Valorização e reconhecimento das diferentes formas de praticar ginástica e seu impacto para o aumento da qualidade de vida.

Método de ensino: Três Momentos.

Primeiro Momento: Iniciar a atividade pedindo que os alunos exponham imagens de aulas anteriores.

As imagens serão expostas durante um determinado período de tempo, de forma que todos possam realizar a "leitura" delas. Levantar questionamentos sobre a definição de saúde e qualidade de vida, a partir dos conceitos da OMS (Organização Mundial da Saúde).

Segundo Momento: Após a exposição e início de um debate, solicitar que os alunos deem seus pareceres, estabelecendo relações entre imagens, saúde e qualidade de vida. Depois, discutir com os alunos as sensações, as interpretações das diferentes manifestações, as percepções e reações diante das imagens, bem como pedir que manifestem a compreensão sobre os benefícios e os prejuízos da prática e as características na atualidade.

Identificar com os alunos, e estimulá-los a estabelecer quais seriam as práticas gímnicas em academias que poderiam ser aplicadas em escolas. Desafiá-los a essa prática possível.

Terceiro Momento: O professor complementa o que foi debatido no segundo momento, esclarecendo os processos de crise e de "modismo" pelos quais vêm passando as práticas de academia e apresentando vídeos de práticas que não foram citadas por eles. Desenvolver vivências de práticas gímnicas relacionadas à saúde com o objetivo de permitir maior entendimento sobre elas. Por fim, solicitar aos alunos que elaborem sínteses individuais e coletivas, na intenção de construir novos conhecimentos e emancipação para situações futuras. A ideia é que os alunos realizem uma análise crítica sobre os conceitos que são disseminados no cotidiano sobre a atividade física e a saúde.

Recursos: Recortes de jornais, de revistas ou da internet sobre ginástica de academia, saúde e qualidade de vida. Músicas para acompanhar a vivência de práticas de ginástica de academias.

Avaliação: Envolvimento dos alunos no debate sobre a ginástica de academia, na perspectiva pela qual foi direcionada.

3 NOMENCLATURA, CARACTERÍSTICAS E OBJETIVOS DAS PRÁTICAS DE EXERCÍCIOS VIVENCIADAS EM ACADEMIA NA ATUALIDADE

Objetivo: Identificar as diferentes formas de prática da ginástica de academia na atualidade, estabelecendo suas especificidades e suas relações com saúde e qualidade de vida.

Conceitual e Factual: Contato e conhecimento das diferentes formas de manifestação da ginástica de academia, especialmente de suas particularidades.

Procedimental: Estabelecimento de relações entre a prática da ginástica de academia com saúde e qualidade de vida e realização de movimentos básicos da musculação.

Atitudinal: Identificação e valorização das diferentes formas de praticar a ginástica, com vistas a uma autonomia para interpretá-las e usufruí-las dentro e fora da escola.

Método de ensino: Três Momentos.

Primeiro Momento: Questionar os alunos sobre as nomenclaturas, características e objetivos das práticas de ginástica de academia. Compreender suas preferências e as relações com o mundo jovem.

Segundo Momento: Realizar uma atividade em circuito, onde estejam dispostos materiais diferentes em estações e que são utilizados nas práticas de ginástica de academia: barras, *steps*, colchonetes, halteres (mesmo que sejam confeccionados de maneira adaptada – degraus de madeira ou plástico, engradados, cabos de vassoura ou canos – com proteção; garrafas PET com areia, pneus de caminhão com bandas elásticas – trampolim etc.).

Primeiro os alunos vão reconhecer a utilidade desses materiais, passando por todas as etapas do circuito, e, em seguida, vão debater com o professor (mediador, que oferece dicas) sobre o uso dos materiais e as formas de praticar ginástica de academia.

Terceiro Momento: Iniciar a atividade apresentando aos alunos informações, características e formas de execução das práticas mais comuns de ginástica de academia, as quais serão abordadas também nas aulas seguintes: musculação, práticas de ginástica com música (com ou sem aparelhos), que atendem diferentes objetivos (aerobismo ou anaerobismo, resistência muscular localizada – RML, hipertrofia, alongamento etc.). Depois das vivências, solicitar que os alunos realizem uma análise crítica sobre os conceitos que foram apresentados em aula e como estes se relacionam com a prática cotidiana, com a saúde e a qualidade de vida.

Recursos: Barras, *steps*, colchonetes, halteres, trampolins (mesmo que sejam confeccionados de maneira adaptada) – degraus de madeira ou plástico, engradados, cabos de vassoura ou canos – com proteção; garrafas PET com areia, pneus de caminhões com bandas elásticas – trampolim etc.

Avaliação: Identificar, a partir das sínteses feitas pelos alunos, os conhecimentos sobre o tema tratado em aula e suas relações com os aspectos abordados. Na apresentação das sínteses, serão corrigidos os equívocos de interpretação e acrescentados elementos esquecidos. Deve-se observar ainda se os alunos reconhecem suas limitações na identificação do material que mais se adapta às suas condições. Solicitar ainda que os alunos observem como o corpo reagiu após a utilização dos materiais em aula.

4 PRINCÍPIOS DA MUSCULAÇÃO

Objetivo: Identificar e compreender os princípios e formas de realizar a musculação, estabelecendo relações com a saúde e qualidade de vida.

Conceitual e Factual: Contato e reconhecimento dos princípios específicos da musculação.

Procedimental: Estabelecimento de relações entre a prática da musculação com saúde e qualidade de vida e realização de movimentos básicos da musculação.

Atitudinal: Valorização e reconhecimento das diferenças de desempenho na prática da musculação, bem como seu usufruto para a melhoria da saúde e da qualidade de vida.

Método de ensino: Três Momentos.

Primeiro Momento: Instigar os alunos a dissertarem sobre os princípios da musculação, que possam ser identificados em qualquer espaço de prática da ginástica de condicionamento físico.

Fazer isso a partir das experiências anteriores, daquilo que apreendem do que está disposto na mídia (TV, revistas etc.), do que conversam com colegas que praticam etc.

Debater sobre os usos da musculação para vários objetivos, por diferentes perfis de público, como condicionamento, estética, reabilitação, preparação física de atletas de alto nível para modalidades esportivas específicas etc.

Segundo Momento: Dar dicas sobre os princípios específicos da musculação, a partir do que foi exposto pelos alunos e dos conhecimentos do professor, como:

1) segurança: não expondo o praticante a riscos de lesões;
2) estruturação: trabalhar primeiro os grandes grupos musculares, depois os pequenos;
3) prioridade: enfatizar o trabalho nos grupos musculares menos desenvolvidos ou aptos;
4) seletividade: exercícios devem provocar adaptações específicas;
5) variabilidade: treinamento deve ser sempre alterado, evitando saturação;
6) isolamento muscular: exercícios devem ser escolhidos de forma a concentrar o estímulo nos grupos musculares específicos;
7) adaptação específica e demanda imposta: o exercício deve promover estresse em cada componente da musculatura.

Após essa explicação, pedir que os alunos procurem os materiais dispostos pelo espaço, como halteres de diversos pesos. Caso não os possuam, podem utilizar objetos de pesos diferenciados: por exemplo, garrafas PET de 600 ml com areia, água ou qualquer outro material. Podem, ainda, usar duas garrafas PET unidas por um pedaço de madeira introduzido nas bocas das garrafas, criando halteres mais pesados. Os alunos devem utilizar os halteres mais adequados à sua condição física (definidos na aula anterior) e realizam a sequência do movimento de rosca direta, primeiro com o braço esquerdo, depois com o direito, totalizando três sequências de dez movimentos em cada braço, como um trabalho geral que pode ser adaptado às condições físicas de cada um.

Terceiro Momento: Apresentação e explicação detalhada dos princípios da musculação (já mencionados no segundo momento), esclarecendo com os alunos o princípio mais básico da musculação, isto é, realizar uma sobrecarga progressiva de peso e repetição, forçando o músculo a se adaptar ao aumento de tensão. Inicia-se a atividade retomando os elementos básicos que foram abordados em aulas anteriores. Em seguida, pedir que os alunos expressem como se sentiram fisicamente depois da última aula e por que acham que o corpo reagiu daquela maneira.

Após as vivências, solicitar que os alunos realizem uma análise crítica sobre os conceitos que foram apresentados em aula e como se relacionam com a prática cotidiana, com a saúde e a qualidade de vida.

Solicitar ainda que os alunos observem como o corpo reagiu após a utilização dos materiais em aula.

Recursos: Halteres.

Avaliação: Analisar se os alunos compreendem as possibilidades de adaptação de materiais possíveis para a prática da musculação, assim como seus princípios básicos, a partir de suas sínteses, envolvimento com a aula e questionamentos (debate). Para tanto, durante a exposição das sínteses, corrigir os possíveis equívocos de interpretação e acrescentar outros elementos que, porventura, os alunos não tenham apresentado. Deve-se observar ainda se os alunos reconhecem suas limitações na identificação do material que mais se adapta às suas condições.

5 PERCEPÇÃO CORPORAL E CONHECIMENTO DO CORPO A PARTIR DA EXPERIÊNCIA COM A MUSCULAÇÃO

Objetivo: Perceber as reações do corpo mediante a exposição a um trabalho de musculação (limitações, possibilidades, fadiga, enrijecimento ou alongamento muscular etc.).

Conceitual e Factual: Contato e apropriação dos princípios específicos da musculação.

Procedimental: Estabelecimento de relações entre a prática da musculação com a saúde e a qualidade de vida e a realização de movimentos básicos da musculação.

Atitudinal: Permitir-se viver novas experiências com o corpo, a partir da prática da musculação, reconhecendo as diferenças de desempenho e as reações corporais advindas dessa prática, bem como seu usufruto para a melhoria da saúde e da qualidade de vida (não sendo necessário o uso de substâncias nocivas para o aumento do desempenho).

Método de ensino: Três Momentos.

Primeiro Momento: Iniciar a atividade retomando os elementos básicos da musculação que foram abordados em aulas anteriores, motivando os alunos a apresentá-los. Solicitar que os alunos manifestem como se sentiram, fisicamente, depois da última aula e por que acham que o corpo reagiu da maneira como reagiu. Discutir sobre qual foi o motivo de seus corpos terem reagido de forma diferenciada após os exercícios; por exemplo: por que alguns sentiram cansaço ou até mesmo dores e outros não sentiram nenhum efeito.

Segundo Momento: Após esse breve debate, dividir os alunos em duplas. Um membro da dupla deve sentar-se numa cadeira ou banco com a perna direita estendida, enquanto o outro colocará um "peso" sobre o tornozelo direito do que estará sentado. Esse peso deve ser de ½ quilo, 1 quilo, 1½ quilo e 2 quilos, podendo ser um peso igual ao de academias, caso tenham, ou confeccionado como um saco de pano cheio de areia, que ao ser colocado sobre o tornozelo distribua o peso lateralmente de forma equivalente. Solicitar aos alunos que realizem duas sequências de 10 elevações de perna, com auxílio do colega, caso necessário. Depois, inverte-se a perna e fazem outras duas sequências. No final do exercício, altera-se o executor e o auxiliar.

Os alunos devem utilizar os pesos que entenderem ser adequados à sua condição física.

Terceiro Momento: Depois das vivências, solicitar que os alunos realizem uma análise crítica sobre os conceitos que foram vivenciados em aula e como se relacionam com a prática cotidiana, com a saúde e a qualidade de vida.

Solicitar, ainda, que os alunos manifestem as diferenças na realização de exercícios com braços e pernas, mostrando que compreenderam o objetivo e os conteúdos da aula.

Recursos: Pesos e cadeira.

Avaliação: A partir da síntese apresentada pelos alunos, será possível identificar os conhecimentos sobre o assunto tratado em aula e as relações entre os diversos aspectos abordados. Para tanto, durante a exposição das sínteses, corrigir os possíveis equívocos de interpretação e acrescentar outros elementos que, porventura, os alunos não tenham apresentado. Deve-se observar ainda se os alunos reconhecem suas limitações na identificação do material que mais se adapta às suas condições.

6 PADRÃO DE BELEZA E USO DE SUBSTÂNCIAS NOCIVAS À SAÚDE E SUAS RELAÇÕES COM AS PRÁTICAS DE GINÁSTICA DE ACADEMIA

Objetivo: Conhecer as diferentes substâncias químicas nocivas à saúde (como os esteroides anabolizantes), que são usadas muitas vezes de modo impróprio, no ambiente da academia e fora dele. Compreender as relações desse uso com os padrões de beleza determinados pela mídia.

Conceitual e Factual: Identificação das substâncias, seus efeitos e os motivos de seus respectivos usos, associados ou não às práticas de academia.

Procedimental: Estabelecimento de relações entre a prática da musculação e o uso de esteroides anabolizantes.

Atitudinal: Postura de respeito e valorização do corpo, da saúde e da vida diante das práticas cotidianas nocivas à saúde (uma forma de auto-violentar-se), relacionadas às práticas ou ao ambiente da academia.

Método de ensino: Três Momentos.

Primeiro Momento: Debate sobre o que os alunos sabem dos esteroides anabolizantes, seus nomes, tipos e funções, e os motivos pelos quais são usados, com frequência, na prática da ginástica de academia ou dos esportes de médio e alto rendimento.

Como eles se posicionam? A favor ou contra? Por quê? Quais relatos conhecem sobre esse uso? Qual o impacto da força da mídia em prol de um corpo belo para esse uso?

Promover um debate, com defensores e promotores, como um julgamento padrão.

Segundo Momento: Apresentar aos alunos depoimentos e imagens de pessoas comuns e de atletas que usaram essas substâncias e os efeitos que causaram. O professor mediador irá propor uma dinâmica de análise em grupos das imagens e matérias, sendo que cada material ficará de 3 a 5 minutos com cada grupo. Depois que os grupos olharem tudo, o professor abre um debate para a análise.

Terceiro Momento: Apresentar aos alunos vários tipos de esteroides anabolizantes, com suas respectivas nomenclaturas, objetivos, usos mais frequentes e efeitos à saúde. Apresentar também as formas de suplementação alimentar, que podem ser orientadas por nutricionistas.

O professor ainda pode tentar trazer à escola uma pessoa que já tenha usado os anabolizantes para dar um depoimento, ou a palestra de um médico ou nutricionista para expor o assunto etc.

Proporcionar um diálogo final com os alunos, para reforçar as questões pilares da aula.

Recursos: Imagens e matérias.

Avaliação: Envolvimento dos alunos nas análises e discussões.

7 GINÁSTICA GERAL E A AUTONOMIA DO SUJEITO

Objetivo: Vivenciar uma prática gímnica que promove a autonomia do sujeito.

Conceitual e Factual: Ampliação do contato com uma das características da ginástica geral – a promoção da autonomia.

Procedimental: Compreensão das fases de um processo na área da ginástica que valoriza a coletividade e a autonomia do sujeito.

Atitudinal: Promoção da autonomia.

Método de ensino: Três Momentos.

Primeiro Momento: Ofertar na quadra vários materiais alternativos (banco sueco, flutuadores de piscinas, colchonetes, halteres, bolas esportivas, plintos, redes, tecidos etc.) e oficiais da ginástica (bolas, arcos, maças, traves etc.).

Propor que se formem grupos na sala e que cada um selecione materiais para o trabalho que se segue.

Primeiro, cada grupo vai explorar as possibilidades de movimento de seus aparelhos. Em seguida, irão verificar as possibilidades de relação desses movimentos e materiais com os movimentos da ginástica (escolhidos pelo grupo).

Segundo Momento: O professor oferta CDs de vários estilos musicais e os grupos irão fazer suas seleções. Em seguida, pedir aos membros do grupo que escolham e façam movimentos próprios para dançar o estilo musical definido por eles.

Terceiro Momento: Pedir aos alunos que elaborem uma sequência de movimentos que componha todos os movimentos que foram vividos nos processos anteriores. A mediação do professor se dá na orientação de como unir os elementos gímnicos escolhidos.

Apresentação dos trabalhos.

Recursos: Materiais alternativos e oficiais da ginástica, CDs, aparelho de som.

Avaliação: Supondo-se que outros processos de composição coreográfica já foram vividos, o professor poderá avaliar se houve maior apropriação e amadurecimento (facilidade, entendimento, desenvoltura) nesse processo, a partir da proposta desse dia. Poderá ainda avaliar o envolvimento de cada aluno no processo.

8 APRESENTAÇÃO DE GINÁSTICA GERAL NUMA DATA FESTIVA DA ESCOLA E/OU DA COMUNIDADE

Objetivo: Apresentação de ginástica num evento da escola e/ou da comunidade, a partir de um processo que parte dos alunos.

Conceitual e Factual: Reconhecimento das características e concepções de ginástica geral e suas possibilidades de diálogo com as demandas sociais.

Procedimental: Saber como realizar os passos de uma composição coreográfica com autonomia, indo ao encontro de uma demanda social.

Atitudinal: Responsabilidade, autonomia do sujeito e saber trabalhar coletivamente.

Método de ensino: Três Momentos.

Primeiro Momento: Constituir com os alunos os passos para a elaboração de uma composição coreográfica, com base no que já foi estudado e vivido em anos e aulas anteriores (no Ensino Médio).

Debater quais foram as facilidades e dificuldades desses processos, assim como os motivos que os levaram a realizar ou não suas apresentações.

Segundo Momento: Fazer a proposta de uma apresentação pública, para a escola ou comunidade, num evento festivo ou não.

Todos devem estar envolvidos, seja apresentando (preferencialmente) ou organizando o que será necessário para o evento.

Definir as tarefas para cada um, sendo que os alunos irão escolher as tarefas: coordenação da coreografia, mixagem/produção da música, confecção do figurino, confecção do cenário (se houver) e parte administrativa (saída ou não da escola, autorização, reunião com a coordenadora pedagógica etc.).

O professor é um mediador do processo, que dará dicas sobre como organizar e viabilizar a apresentação.

Ressaltar que o grupo escolherá tema, música, vestimenta, cenário, aparelhos/materiais que serão utilizados etc., sempre mediados pelo professor. Se for para a participação num evento, alguns desses aspectos podem (ou devem, dependendo do caso) estar de acordo com essas escolhas.

Terceiro Momento: O professor vai coordenar todo o processo, formando os alunos para essa proposta (conteúdo) e consolidando tudo o que foi aprendido em processos anteriores sobre ginástica. Ele dará apoio no dia da apresentação, assim como fará com os alunos, mais tarde, uma avaliação de todo o processo.

Recursos: Aparelho de som e os materiais definidos em cada grupo.

Avaliação: A partir da apresentação dos conceitos e das vivências, observar como os alunos se manifestam durante as discussões e se os conceitos foram apropriados de forma clara, baseados nas indagações realizadas. Também será levado em conta, principalmente, como todo o processo se constituiu até o término da apresentação. O processo e a apresentação também poderão ser avaliados pelo professor.

9 Referências Bibliográficas

ASSMANN, H. *Paradigmas educacionais e corporeidade*. Piracicaba: Unimep, 1994.

BAGRICHEVSKY, M.; PALMA, A.; ESTEVÃO, A. (Orgs.). *A saúde em debate na Educação Física*. Blumenau: Edibes, 2003.

BENTO, J. O. Corpo e desporto: reflexões em torno desta relação. In: MOREIRA, W. W. (Org.). *Século XXI:* a era do corpo ativo. Campinas: Papirus, 2006.

BENTO, J. O. Do Homo Sportivus: relações entre natureza e cultura. In: LIBERATO, A.; SOARES, A. (Orgs.). *Políticas públicas de esporte e lazer:* traços históricos. Manaus: UFA, 2010.

CAMINHA, I. O. Considerações sobre a "ética do esporte". In: LUCENA, R. F.; SOUZA, E. F. (Orgs.). *Educação Física*: esporte e sociedade. João Pessoa: UFPB, 2003.

CAPRA, F. *O ponto de mutação*. São Paulo: Cultrix, 1993.

CELANTE, A. R. *Educação Física e cultura corporal*: uma experiência de intervenção pedagógica no Ensino Médio. 2000. Dissertação (Mestrado em Educação Física) – Faculdade de Educação Física. Universidade Estadual de Campinas, Campinas. 2000.

DAOLIO, J. *Cultura, Educação Física e futebol*. Campinas: Unicamp, 2003.

______. A ruptura natureza/cultura na Educação Física. In: DE MARCO, A. (Org.). *Pensando a educação motora*. Campinas: Papirus, 1995.

DA MATTA, R. *Carnavais, malandros e heróis*: para uma sociologia do dilema brasileiro. Rio de Janeiro: Zahar, 1979.

FARINATTI, P. T. V. Educação Física *versus* mal do século. *Revista Educação Física*, ano V, n. 16, jun. 2005.

FEIO, N. A. Dimensão ética e cultura do desporto: ensaio sobre a multidimensionalidade do agon contemporâneo. In: BENTO, J. O.; MARQUES, A. (Orgs.). *Desporto, ética, sociedade*. Porto: Faculdade de Ciências do Desporto e de Educação Física, 1990.

FONTANELLA, F. C. *Corpo no limiar da subjetividade*, Piracicaba: Unimep, 1995.

FREIRE, P. *Conscientização – Teoria e prática da libertação:* uma introdução ao pensamento de Paulo Freire. 3. ed. São Paulo: Moraes, 1980.

GOERGEN, P. Educação para a responsabilidade social: pontos de partida para uma nova ética. In: SEVERINO, F. E. S. (Org.). *Ética e formação de professores*: política, responsabilidade e autoridade em questão. São Paulo: Cortez, 2011.

GUIMARÃES, S. S. M. Corpo ativo e meio ambiente. In: MOREIRA, W. W. (Org.). *Século XXI:* a era do corpo ativo. Campinas: Papirus, 2006.

INGENIEROS, J. *O homem medíocre*. Campinas: Edicamp, 2003.

KOKUBUN, E. Exaustão no exercício de média e longa duração: modelos energéticos e desempenho. In: MOREIRA, W. W.; SIMÕES, R. (Orgs.). *Esporte como fator de qualidade de vida*. Piracicaba: Unimep, 2002.

LIBÂNEO, J. C. *Didática*. São Paulo: Cortez, 1994.

LIPOVETSKY, G. *A era do vazio:* ensaio sobre o individualismo contemporâneo. Lisboa: Anthropos, 1989.

MATVEEV, L. *Metodologia e planejamento*. São Paulo: Phorte, 1997.

MORALES, P. J. C.; NAHAS, M. V. Programas de exercícios físicos oferecidos por academias de ginástica: iniciação, aderência e abandono. In: NASCIMENTO, J. V.; LOPES, A. S. (Orgs.). *Investigação em Educação Física*: primeiros passos, novos horizontes. Londrina: Midiograf, 2003.

MOREIRA, W. W. (Org.). *Corpo pressente*. Campinas: Papirus, 1995.

______. *Croniquetas*. Piracicaba: Unimep, 2003.

______. Corporeidade e formação profissional: a importância da teoria da motricidade humana para a Educação Física. In: GOLIN, C. C.; PACHECO NETO, M.; MOREIRA W. W. (Orgs.). *Educação Física e motricidade*: discutindo saberes e intervenções. Dourados: Seriema, 2008.

MOREIRA, W. W.; NISTA-PICCOLO, V. L. Formação de Professores de Educação Física e o Projeto Pedagógico da Escola: a busca do pensamento complexo. In: BENTO, J. O.; TANI, G.; PRISTA, A. (Orgs.). *Desporto e Educação Física em Português*. Portugal: Universidade do Porto, 2010.

MOREIRA, E.; PEREIRA, R. S.; LOPES, T. C. Desafios e Propostas para a Educação Física no Ensino Médio. In: MOREIRA, E.; NISTA-PICCOLO, V. L. (Orgs.). *O quê e como ensinar Educação Física na escola*. Jundiaí: Fontoura, 2009.

MORIN, E. *Para sair do século XX*. Rio de Janeiro: Nova Fronteira, 1986.

______. *Meus demônios*. Rio de Janeiro: Bertrand Brasil, 1997.

MOTA, G. R. Contribuições da fisiologia do exercício na ação do profissional de Educação Física na área da saúde. In: VIRTUOSO JR., J. S. (Org.). *Interfaces multidisciplinares na saúde aplicadas na formação profissional em Educação Física*. Uberaba: UFTM, 2011.

NAHAS, M. V. *Atividade física, saúde e qualidade de vida:* conceitos e sugestões para um estilo de vida ativo. Londrina: Midiograf, 2001.

NEIRA, M. G.; NUNES, M. L. F. *Educação Física, currículo e cultura*. São Paulo: Phorte, 2009.

NISTA-PICCOLO, V. L. A educação motora na escola: uma proposta metodológica à luz da experiência vivida. In: DE MARCO, A. (Org.). *Pensando a educação motora*. Campinas: Papirus, 1995.

______. Rotas de Acesso, 2001. Disponível em: <www.prof.com.br>.

NOVAES, A. J.; SHIGUNOV, V. Estilo de vida relacionado à saúde e hábitos comportamentais em escolares do Ensino Médio. In: NASCIMENTO, J. V.; LOPES, A. S. (Orgs.). *Investigação em Educação Física*: primeiros passos, novos horizontes. Londrina: Midiograf, 2003.

ORSATI, F. L.; NAHAS, E. A. P. Atuação do profissional de Educação Física na condução de programas de atividades físicas direcionadas a prevenção de doenças crônicas não transmissíveis. In: VIRTUOSO JR., J. S. (Org.). *Interfaces multidisciplinares na saúde aplicadas na formação profissional em Educação Física*. Uberaba: UFTM, 2011.

PELLEGRINOTTI, I. L. Performance humana: treinamento e qualidade de vida. In: MOREIRA, W. W.; SIMÕES, R. (Orgs.). *Esporte como fator de qualidade de vida*. Piracicaba: Unimep, 2002.

REGIS DE MORAIS, J. F. Consciência corporal e dimensionamento do futuro. In: MOREIRA, W. W. (Org.). *Educação Física e esportes:* perspectivas para o século XXI. Campinas: Papirus, 1993.

REZER, R.; FENSTERSEIFER, P. E. Docência em Educação Física: reflexões acerca de sua complexidade. *Pensar a prática*, 11/3: p. 319-329, set./dez. 2008.

SANTIN, S. Perspectivas na visão da corporeidade. In: MOREIRA, W. W. (Org.). *Educação Física e esportes*: perspectivas para o século XXI. Campinas: Papirus, 1993.

SANTOS, R. F. A importância da obra de Norbert Elias para a compreensão de algumas dimensões do futebol. In: LEBRE, E.; BENTO, J. O. (Orgs.). *Professor de Educação Física*: ofícios da profissão. Porto: FADEUP, 2006.

TOLEDO, E.; VELARDI, M.; NISTA-PICCOLO, V. L. O quê ensinar nas aulas de Educação Física? In: MOREIRA, E.; NISTA-PICCOLO, V. L. (Orgs.). *O quê e como ensinar Educação Física na escola*. Jundiaí: Fontoura, 2009.

VELARDI, M.; TOLEDO, E.; NISTA-PICCOLO, V. L. Como ensinar esses conteúdos nas aulas de Educação Física? In: MOREIRA, E.; NISTA-PICCOLO, V. L. (Orgs.). *O quê e como ensinar Educação Física na escola*. Jundiaí: Fontoura, 2009.

10 Sugestões de bibliografia para as atividades

AYOUB, E. *Ginástica Geral e Educação Física Escolar.* 2. ed. Campinas: Unicamp, 2009.

BARRETO, D. *Dança... ensino, sentidos e possibilidades na escola.* 3. ed. Campinas: Autores Associados, 2008.

BRASILEIRO, L. T. O conteúdo dança em aulas de Educação Física: temos o que ensinar? *Revista Pensar a Prática*, v. 6, p. 45-68, jun./jul. 2002/2003.

MARQUES, I. A. *Dançando na escola.* 4. ed. São Paulo: Cortez, 2007.

SANTOS, R. C.; FIGUEIREDO, V. M. C. Dança e inclusão no ambiente escolar: um diálogo possível. *Revista Pensar a Prática*, v. 6, p. 107-116, jun./jul. 2002/2003.

TOLEDO, E. Ginástica Rítmica e Artística no Ensino Fundamental: uma prática possível e enriquecedora. In: MOREIRA, E. C. (Org.). *Educação Física Escolar*: desafios e propostas. 2. ed. Jundiaí: Fontoura, 2004.

TOLEDO, E.; PIRES, F. R. Sorria! Marketing e consumo dos programas de ginástica de academia. *Revista Brasileira de Ciências do Esporte*, v. 29, n. 3, p. 41-56, maio 2008. Campinas: Colégio Brasileiro de Ciências do Esporte. Coedição: Autores Associados.

______. Aulas de Ginástica de academia: análise de suas nomenclaturas. In: Anais do Simpósio de Ginástica – *Formação e Intervenção em foco/editoras.* PARRA, I. B. R.; TEIXEIRA, R. T. S. Maringá: UEM, CCS, DEF, 2008, p. 59-63.

SCHIAVON, L. M. *O Projeto Crescendo com a Ginástica*: uma possibilidade na escola. 2003. Dissertação (Mestrado em Educação Física) – Unicamp, Campinas. 2003.

VELARDI, M. Ginástica Rítmica: a necessidade de novos modelos pedagógicos. In: NISTA-PICCOLO, V. L. (Org.). *Pedagogia dos Esportes*. Campinas: Papirus, 1998.